U0100434

大展好書　好書大展
品嘗好書　冠群可期

大展好書　好書大展
品嘗好書　冠群可期

實用武術技擊⑮

心意六合拳發力與技擊

王安寶 魏峰 編著

大展出版社有限公司

王安寶 1967 年出生，山東淄博人，家傳心意拳學和形意拳學等內家實戰武功，擅長少林技擊法及格鬥硬功。後又跟隨臺灣心意拳前輩進修深造。國際 內家拳聯盟總會(U.W.I.A)特聘教授，多次應邀到海外講授傳統內家拳技擊功夫。對心意拳有極深的研究和極高的造詣，尤以「心意鐵拳功」享譽海內外，爲我國優秀的青年技擊家和技擊術的革新者。

魏　峰 1970 年出生，山東淄博人，我國著名技擊家和使截拳道在國內發展的推動者。致力於傳統技擊武學精華的開發、挖掘及海外先進武道的吸收、引進。早年曾潛心研習諸派內家拳法，後又親赴美國學習截拳道，並去泰國研修泰拳。爲我國武術與海外功夫在技擊中的結合與應用貢獻良多。

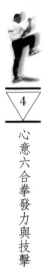

前　言

　　提到內家拳，人們馬上便會聯想到太極、形意與八卦，而較少知道有心意拳的存在。事實上，心意拳的歷史比形意拳更悠久，因為它是形意拳的前身或說是其母拳。 所以說心意拳同樣是我國民族遺產中的瑰寶之一，所不同的是，心意拳更為實用也更為簡捷，如果說今天的太極、形意與八卦的主要功能是用來健身的話，那麼，心意拳這種僅在家族內部秘密流傳的格鬥型拳術則主要用來技擊與搏鬥，也可以說格鬥是心意拳的立拳之本。

　　心意拳流傳至今已有三百多年的歷史，在它的傳承過程中留下了不少具有傳奇色彩的典故，這些典故大多是講述本門前輩如何在一招之內制伏或擊敗對手的功跡。正是這些典故的廣泛流傳才給心意拳蒙上了一層更為神秘的色彩，諸多武術界人士也以能得到心意拳絕學為榮，心意拳的高度技擊性就成了其代名詞。

　　心意拳雖以技擊著稱，但在健身效果上卻是一點也不遜色，它象形取意、內外兼修，借用動物（龍、虎、鷹、鷂、熊、雞、馬、燕、猴、蛇）的某些優良習性來達到健身與強身的目的；心意拳作為內家拳術特別重視對「剛柔」與「陰陽」的互換運用，而不似其他內家拳術 那樣過分重視柔與陰的運用，因為只有剛柔相濟與陰陽相伴，才能真正做到動

靜相兼，鬆弛有度，使人的身體真正得到有益的鍛鍊，所以常練心意拳對提高人體的健康水準、改善體質、防病治病等方面都具有明顯的效果。

正因爲如此，本門的諸多老前輩中活到 80 多歲甚至 90 多歲的人很多，由此看來技擊與養生之間並不矛盾，甚至是相輔相成的，因爲只有首先做到內壯才能進一步達到外強的目的，而外強亦可有助於身體之內壯。

由於心意拳簡單而實用，並且操練時不需要太大的場地與特殊的訓練器材，所以，極容易推廣學習。基於上述原因，心意拳僅僅在十幾年間便已傳遍大江南北，成爲當今武壇中一朵耀眼的奇葩，它在今天的影響力絕不遜色於傳統武術中任何一種拳術。

心意拳在流傳上由於大多是秘密傳授或口傳心授，所以書面上的成文記載較少，這就給今天的研究與發掘及推廣造成了一定的難度，這也是我們要花時間進行古拳整理的根本原因所在。

欣逢盛世，絕藝廣傳，但願本書的出版能對廣大心意拳愛好者的修習與提高提供有益的幫助，也能爲其他門派的練習者豐富與完善其本門的拳藝提供有益的幫助，更爲全民健身運動的廣泛發展做出應有的貢獻。

目　錄

心意六合拳發力與技擊

14

心意六合拳發力與技擊

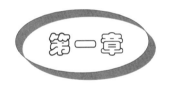

第一章
心意拳創拳說

　　「心意拳」又稱「心意六合拳」，歷來由於傳人甚少，而大多在家族內部秘密傳授，故一直充滿了神秘色彩，很多武術界人士可能聽說過這種拳術，但卻從未見過；有的雖然見過，卻未能窺得全貌，因為那些在外面展示過心意拳絕技的人，大多是只用一招便制伏了對手，所以，很多人還沒有看清楚是怎麼回事便已結束了。

　　例如，當心意門一代宗師盧嵩高 1928 年到南京的國術擂臺上去表演時很多人竟不知這是什麼拳，也正因為心意拳具有速戰速決的實戰技擊特點，所以，更加蒙上了一層傳奇色彩。當然，不僅外界對心意拳有諸多猜測，就連心意門內部在本門拳學的創拳上也是眾說紛紜，到目前為止也尚未有定論。因為此拳歷來授徒極嚴，而且大多是口傳心授，特別是僅在家族中秘密傳授，故詳細的文字記載極少，這就給心意拳的研究造成了一定的困難。

　　尤其是口授時每個人的發音不同，所以，遺留下來的拳譜拳訣也不盡相同。

　　儘管有難度，但我們仍需去研究挖掘，因為心意拳是中華民族優秀傳統武術和文化的一個重要組成部分，搞清

其源流與譜系是全面掌握此種文化必不可缺少的一部分。

一、達摩創拳說

達摩乃天竺佛學得道高僧，儘管他不一定會武術，或者根本就不會，但後人因慕其盛名而仍將其認作拳術初祖。這一切，皆是因為寺中的一句偈語「達摩西來無一物，全憑心意用功夫」所引起的，所以，好像心意拳確由他所創，當然這裏所說的「心意」也可能僅指印度佛學中的坐禪功夫。由於少林寺中亦確有一鎮寺絕技——少林心意把，因此，人們便很容易聯想到，是有人到少林寺學了心意把，並把它傳到了民間，才形成了今日之實戰名拳「心意六合拳」。不過，少林寺中雖然確有心意絕技，但卻並非是達摩傳下來的。

根據史料記載，達摩事實上並不懂武術，而且自他到少林寺開始直到明朝末年，少林寺的文獻也無確切資料證實在此千餘年間有心意把流傳。早在達摩來中國之前，中國早已武風盛行，所以，把達摩尊為拳術之祖是不正確的，他最多也只能說是在某些方面加以豐富和完善而已。

綜上所述，現有之少林功夫，基本上與達摩沒有什麼關係，人們為了紀念他，才假借其名而在一些拳術前面加上了「達摩」二字。

二、岳飛創拳說

在武術界之所以有這一說法，是由於心意拳先賢山西

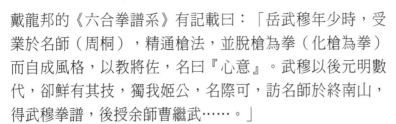

戴龍邦的《六合拳譜系》有記載曰：「岳武穆年少時，受業於名師（周桐），精通槍法，並脫槍為拳（化槍為拳）而自成風格，以教將佐，名曰『心意』。武穆以後元明數代，卻鮮有其技，獨我姬公，名際可，訪名師於終南山，得武穆拳譜，後授余師曹繼武……。」

上述說法儘管出自大家之手筆，而且表面上也看似合情合理，但仔細推敲之下似乎也有頗多疑點：首先，自岳飛去世至明朝滅亡的 500 年間，為什麼世間好似並未有此名拳傳授，既然是用來訓練赫赫有名的岳家軍的，就可能有很多人懂得此拳，也就是說，岳飛的百萬大軍應該會將此拳傳播的極為廣泛。

但事實上卻並非如此，而是在其去世五百年後才出現此拳譜，看來此說亦是假託（當然也有可能當年岳飛只教了將士一些極簡單的功夫，而將自己的絕學整理成書而未公開傳授）。況且，現流行於湖北省的岳家拳在風格上也與心意拳有很大的差別。

岳飛是民族英雄，假託他創拳的門派也頗多。但話又說回來，如果說創立心意拳的人吸取了岳飛的技擊與戰鬥理論及格鬥精華而自創一派，倒也是可以令人信服的，因為岳飛擅長拳槍之法，而心意拳亦是「化槍為拳」，其中多多少少會有一點關聯的。

三、姬龍峰創拳說

姬龍峰，又名「姬際可」（西元 1602—1683 年），或曰「隆豐」、「隆鳳」（可能方言與發音上的原因而形

成不同叫法）。山西省蒲州諸馮里尊村（現為永濟縣張營鄉尊村）人，明初由山西洪洞大槐樹遷來。在姬氏家族中姬龍峰的父親為八世祖，姬龍峰在家為次子，並且年少喜武，精拳善棒，生性秉直，頗有武者氣概，遂投軍報國。而且據說從軍戍邊時，曾從一位姓李的岳飛傳人那裏學到了其護身絕技「六合大槍」。後來清兵入關，明亡，姬龍峰亦解甲回鄉。姬龍峰雖未能在軍隊學到一身絕技，卻得到與養成了軍事格鬥實用為先的「致用型」理念，這也是他後來創立心意拳的出發點與原則。

醉心武學的姬龍峰遂雲遊天下，便遍訪天下武學名師，尋求武術的極至。也有種說法，是說他遊走四方的另一個目的是為了尋找抗清力量，但不管他以什麼方式遊走天下，或是出於什麼目的，這一時期都是他在武藝上的成熟期。據說一日他行至終南山時遇到了一位隱世道人，透過談拳論武後，道人建議他應該化槍為拳，一是當時的大清之太平盛世扛著一杆大槍不太方便；二是武藝的最高境界在「心」，藝高者隨手撿起一根棍狀物都可做槍使用，況且人身最厲害的武器為「雙手」，武器永遠代替不了手的作用，但手腳經「磨練」後卻可起到武器原有的作用。姬龍峰認為這位高手說得有道理，遂按六合大槍的技擊原理創編了「六合捶」。

姬龍峰之所以將自己的拳藝稱為「六合」，是因為他的拳術講究「手與足合、肘與膝合、肩與胯合」，以及「心與意合、意與氣合、氣與力合」。其中，前三合又稱為「外三合」，後面三合則稱為「內三合」。此外，姬龍峰的拳術風格還注重「雞腿、龍腰、熊膀、鷹爪、虎抱

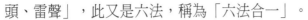

頭、雷聲」，此又是六法，稱為「六法合一」。

還有一種說法是姬龍峰雲遊到嵩山少林寺後才創拳的，並說他曾經長住少林寺達 10 年，以潛心研究武學。此間他觀雄雞爭鬥、見鷹熊相搏，仰觀飛禽、坐視游魚，以積澱武學素養，最後竟在武學聖地少林寺稱雄「無敵」，自然他也就將自己的心得「心意把」傳給了寺僧，所以說現存的少林心意把仍與心意拳有頗多相似之處。

當然，還有一種說法是說姬龍峰到少林寺學習了寺中原有的「心意把」絕技後才自創心意六合拳的（無論是姬龍峰學自少林寺，還是少林寺學自姬龍峰現均已無從稽考，但卻可說明姬龍峰的拳術與少林武功是有一定關係的）。

不管是姬龍峰受悟於隱世道人還是創拳於少林寺，自他開始方有有關心意六合拳的正式傳承及文字記載卻是不爭的事實。所以就算是岳飛創拳，也是由姬龍峰發揚光大的。那種「岳廟得書」（傳說姬龍峰在雲遊途中到一岳飛廟內休息，看到已破損的岳飛塑像內露出一些殘舊的紙張，打開一看竟是一部《武穆拳譜》）及「廟洞得書」的說法，均缺少事實依據的依託只能是野史，不可視為正史。因為「武穆」的諡號是岳飛死後追封的，所以即使姬龍峰可以得到這部拳譜也是假託岳飛之威名的「偽作」（或是認為岳飛後人為了紀念與繼承岳飛的武學而著這本拳書）。

姬龍峰後來傳藝於河南洛陽人馬學禮及山西人曹繼武，這個馬學禮在學心意拳之前本身已是一名查拳高手，後慕其名專門由河南到山西學藝，藝成後返河南傳給洛陽

人馬三元及南陽人張志誠，至此成為「心意六合拳南支」，並秘傳於回民之中。其中，張志誠又傳河南省魯山縣人李政，李政則傳本縣人張聚，接下來張聚又傳其子張根及鹽縣人買壯圖與李海森，買壯圖又傳陝西安大慶與河南周家口人袁鳳儀，袁鳳儀又傳本地人尚學禮、楊殿卿及盧嵩高，而盧嵩高又傳馬義芳、龐士品、買祝山、解興邦、孫少甫、於化龍、王書文、周永福等心意鉅子，至此心意拳才算是有了較為廣泛的傳承。

在山西，曹繼武傳戴龍邦，戴龍邦又傳給前來山西經商的河北籍拳術高手李洛能，此時李洛能雖已 37 歲，但在曹師門下苦修 10 年後也終成一代宗師，並將「心意拳」易名為「形意拳」。李洛能大師的傳人頗多，最有名有八大弟子：宋世榮、車永宏、郭雲深、劉奇蘭、白西園、劉曉蘭、張樹德、李敬齋。後來又培養出了張占魁、許占鼇、李存義、韓慕俠、布學寬、孫祿堂等頂尖形意拳大師。可以說心意拳在河北的發展規模最大，並從原來的十大真形發展到了十二形，並增加了三體式、五行拳、形意八式等到眾多套路。在此無限發展的過程中，無可避免的會多少與原旨相出入。

目前只有河南心意拳尚「古風猶存」，並徹底繼承了其原始的格殺本能，當然河南諸多心意大師亦並非固步自封，而是在繼承前賢的基礎上又有所完善。河南心意雖只有一個套路，但卻應了「大道至簡」這句至理名言，因為心意拳的目的不是為了表演，而是為了格鬥，所以過多的套路反而是沒有用的。真正的高手決戰，勝負也僅在一舉手、一投足間。

心意拳名稱釋義

　　心有所感，意必至動，技藝的運用全在於心動意發。「心」與「意」雖然密切關聯，卻不是一回事。拳經云：「拳以意名者，以意為諸拳之母；凡有運動，皆源於斯。夫心者，人之主宰，心之發動曰意。」前人由於意識與理解上的局限，而將大腦神經的運動與活動皆歸功於「心」的作用，所以，取名時將心意拳的「心」放在前面也是可以理解的。

　　而事實上心理活動是大腦皮層的功能。搏擊對敵，都是心知意變的結果，這個時候人在本能驅使下而必眼有所見，耳有所聞，當然心亦必有所動，同時意也必有所禦，這都是人的心意聯絡的自然反應與結果。

　　「心」與「意」的合用，必可更有效的調動自身內在的機能與潛能，並付諸於搏擊之中。所以，心意拳中又有一句拳諺叫「心為元帥，意為號令，氣為先鋒，力為將士」，形象地概述了心意拳或所有內家拳搏擊的要旨。心意拳的每一個動作，無不是以心用意，以意領氣，且以氣催力。心意拳初祖姬龍峰在自述中也這樣講道：「老朽悉心研習其精義竅要，十易寒暑，會其理於一體，並以六合

為法，五行十形為拳。以心之發動曰意，以意之所向為拳，故名曰心意六合拳。」

心意六合拳（簡稱「心意拳」）雖由姬龍峰所創，但後來在名稱上亦多有變化，從而給世人留下了不少懸念，現將其詳細過程詮解如下：

河南洛陽人馬學禮（西元 1713—1789 年）聞知姬龍峰拳藝精絕，但對方又頗為保守而不輕易外傳時，便以家傭身份在姬家偷學了 3 年（有說一年），後來姬祖為其誠心所動而又教了他 3 年，使他終成為一代拳學巨匠。稍後，馬師前往京城打擂時僅一招便將一王府護院武術師打倒不起，王爺問他練的什麼功夫，馬師答曰：「心意六合拳。」馬學禮首次亮相，便打出了心意門的技擊威風。

在雍正十一年，河南的心意名手李伕卻寫了《六合心意拳譜》，使「心意六合拳」的名稱首次有了明顯變化。到了乾隆十五年，山西祁縣的心意拳大師戴龍邦到河南看望同門馬學禮時，又為馬學禮的拳譜作了《六合拳序》，看來名稱又有所變。

但無論怎麼變，都未能脫出「心意」或「六合」之範疇（心意拳在名稱有了變化的原因可能是授藝者又根據自身的特點進行了改進，當然這時主題未變，只是側重點有所不同而已；也可能是由於方言與學識層次方面的原因而使心意拳的名稱有了變化）。

心意拳雖創自姬龍峰，但在向下傳承的過程中早已分為河南與河北兩大派系，而且河南派又分為洛陽馬三元與南陽張志誠兩個系別。在這不斷地發展進化過程中，自然會有人根據自身的特點而有所側重與創新，這完全符合社

會發展與進化規律，而不足為怪。

戴龍邦（西元 1713—1802 年）曾收過一個來自河北省深縣的武術家李洛能作弟子。李洛能（1803—1888年），字飛羽，號「老能」，先跟戴龍邦的一位郭姓親戚學習心意拳，後經郭氏介紹拜在戴龍邦門下，並苦修 10年，終至化境。李洛能回鄉後廣收門徒，並將心意拳易名為「形意拳」，成為形意門開派宗師。由於河北一系的形意拳在傳承上較為開明，所以發展相當快，並湧現出了一大批形意技擊名家，如號稱為「車二師傅」的車永宏和劉奇蘭、白西園等等。

其中車永宏的名弟子有「長友師傅」李復貞、樊永慶、布學寬等名家；宋世榮的高足則有武林中赫赫有名的宋虎臣、宋鐵麟等。李洛能當初改「心意」為「形意」之時，是認為拳術顯於外者為「形」，隱藏於內者為「意」，內外相合，形與意合，為「形意拳」。

李洛能的另一位高足郭雲深，字峪生，河北深縣人，號稱「半步崩拳打遍天下」，也曾從師李洛能門下習拳數十載，而成為李洛能門下頂門大弟子，並遍遊各省以交流與驗正武藝，鮮有敵手。他門下高足有李魁元、許占鼇等人。郭師歸隱山林後，又收了本縣魏林村人王薌齋作為關門弟子，後王薌齋獨成一家而創立「意拳」，也成為一代開派宗師。

無論是「形意拳」還是「意拳」，都是心意六合拳的一個分支或是一種發展，它們雖各有特點（今天仍有一些形意拳名家稱自己拳學為「心意六合拳」），但最終都未能擺脫心意拳精簡、實用的原則與宗旨。

心意拳的特點

　　心意拳雖然不如由自身分支出去的形意拳發展的快，但其顯著的技擊價值卻是有目共睹的，在中華武術史上，以心意拳馳譽武林的名家巨匠更是不乏其人，練心意拳的人雖然不如練其他拳派的人多，但在相同的練習人數中，心意拳所出的高手卻似乎更多一些，因此，心意拳又被稱為「實戰拳學」或「培養頂尖高手的拳術」。

　　由於該拳法兇狠絕倫，制敵均在頃刻之間，所以，歷代名家擇徒極嚴，尤其是河南一支更是僅在回民之中傳教，外人難以窺其全貌。直到民國初年盧嵩高大師將心意拳由河南帶至上海並以授拳為業後，世人才得以一窺心意拳之獨特風采。算來，盧嵩高大師也算是打破「只傳回族」之舊習第一人。心意拳到底有些什麼特點吸引了那麼多武術高人嚮往呢？

一、不能實戰不叫心意拳

　　心意拳區別於其他拳派的一個最大的特點就是它的明顯的實戰性與實用價值。武術的本質與目的就是為了技

擊，如果圖好看就不如去練習舞蹈了。

姬龍峰是以中國古典哲學（如陰陽、道家學說、佛家理論、五行說、兵法）為基礎，並充分吸收了虎、鷹、熊等最為兇猛、強悍的野獸之原始搏殺本能與技術，而創出了以真實搏擊見長的心意拳。正因為如此，心意拳若失去了其技擊性，便失去了其原始本義。正如其拳諺所說：「疾如風，快如電，打倒他，還嫌慢。」歷代心意拳大師大多在交手時只一個回合便擊敗或擊斃對手，正是鑒於此，才有了心意拳的不敗傳說。

現代社會雖然對武術的實戰性的要求有所降低，但深具實戰性的拳術仍具有極大的吸引力。現在我國體育部門正在大力推行「散打」比賽，古樸實用的心意拳是完全有用武之地的。可惜的是，今天我國武術界對心意拳仍未引起足夠的重視，而大多認同已廣為流傳的形意拳；相反，日本與美國等強國的武術界與出版機構卻來中國不惜重金購買有關心意拳的一切。所以說，無論在日本還是美國已有由中國內地拳師示範的高品質的心意拳教科書出版，看來這些精明的外國人果真識物。

二、充分發揮人體潛能才叫心意拳

練心意拳的人無論高矮都能發放出驚人的殺傷力與破壞力來，從而達到「一擊制勝」或「一招制敵」，甚至「一擊必殺」的震撼性效果。心意拳之所以有如此威猛的攻擊力，一是與練習者的努力程度有關，二是與心意拳自身的結構有關。

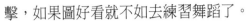

心意拳經過一系列的內功及身體協調性（整勁）訓練，再加上借鑒凶獸的致命捕殺技術，自會使練習者具有常人所無法比擬的攻擊能力。

練技擊術的目的，就是為了將常人的潛能充分發揮出來，當然這種發揮與發掘的方法有很多，除了正常的操拳盤架之外，利用動物的習性來引導與誘導人體的潛在能力亦不失為一種好方法。

由於潛能與本能通常是連繫在一起的，因此，當你的潛能充分發揮出來的同時，你的格鬥技能亦必達到了本能狀態，如果你真能達到了「不經腦想」，而憑「直覺」直接出招去攻擊對手的本能狀態的話，那麼，制敵亦必在傾刻間，由於你節省了外界資訊在你大腦中的反應、運轉時間，所以必能搶先快速制敵。在此基礎上又由於你的攻擊威力相當大，因此一招制敵並非夢想。當年于化龍大師在河南就是一招「橫拳」打死了當地的一個惡霸頭子楊申發後，才被迫來到上海謀生的。

人的潛能猶如一座待開發的金礦，蘊藏了無窮寶藏，且價值無比。我們每個人都有一座潛能的金礦，但由於缺乏必要與完備的訓練，所以，我們習武者的潛能大多未曾得到有效的開發與發揮。但是，從你接觸心意拳開始情況便不同了，因為你已經選擇了一條開發潛在能量的捷徑與最佳方法。

三、精簡、直接當屬心意拳

心意拳雖然屬於實戰古拳，但它同樣具有一些現代新

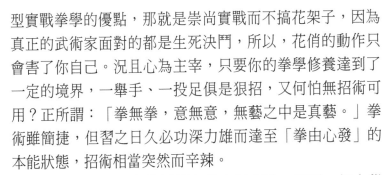

型實戰拳學的優點，那就是崇尚實戰而不搞花架子，因為真正的武術家面對的都是生死決鬥，所以，花俏的動作只會害了你自己。況且心為主宰，只要你的拳學修養達到了一定的境界，一舉手、一投足俱是狠招，又何怕無招術可用？正所謂：「拳無拳，意無意，無藝之中是真藝。」拳術雖簡捷，但習之日久必功深力雄而達至「拳由心發」的本能狀態，招術相當突然而辛辣。

相比之下，很多拳派都有幾十個套路，等到一個人學完所有套路時，人也老得差不多了，又如何去「求精」、「求狠」？若你集中精力苦修幾個高效招式，待運用時必可由直覺發招並出手即制敵（好似現代的散打一樣，之所以實用，是因為它全無多餘的花俏動作，而只講求「少而精」的緣故）。

所以，自古至今心意門都反對自以為是或廣而自喜，古譜上亦早云：「拳使後世萬代，不走原樣。」因為歷代先賢已以其切身實際經驗為我們提供與創造了一個成功的「訓練模式」，我們為什麼不去繼承與苦修呢？當然，在已經現有的動作與模式的基礎上，再利用一些現代科學手段去鞏固與提高原有的格鬥能力也是未嘗不可的。

四、內外兼修才符合心意拳的要求

有些人習拳數年，卻總是上不了功，重要的原因之一是他們忽視了有關「內三合」方面的訓練。由於心意拳是以內功修練為基礎的拳學，所以，忽略了內功的訓練就等於抽掉了一個人的靈魂。

我們知道內功是外功之源泉，外功是內功之體現。有「內」無「外」不成拳，有「外」無「內」難成術。歷代心意門先賢均告誡門下曰：「內意不到，氣就難到；氣若不到，勁力就無由而生至。」

練就丹田內功不僅可以強身健體，更重要的是可無限強化人體的攻擊威力，我們都知道外功訓練是要損耗人體的「精、氣、神」的，若只耗不補，身體遲早要出毛病，也絕無法練出高深的武功的，只有「補」與「練」多過「耗」，人才內氣充盈，並最終練成金剛不壞之軀，這也是內家拳訓練的重要原則之一。

由於歷代心意門先輩均很注重內功的修習，所以長壽之人頗多，例如本門創始人姬龍峰雖生於亂世年代，但也活了82歲；戴龍邦則活了89歲；馬三元活了90歲；近代心意大師盧嵩高活了90歲；形意拳名師布學寬活了90歲。所以，本門拳譜說：「精養靈根氣養神，養功修道見天真；養就丹田千日寶，萬兩黃金不與人。」

很多人放棄內功修習的主要原因是感覺到內功的練習較為枯燥與繁瑣，而且見效很慢，以至於半途而廢；更有一部分人是在內功的修習就要成功的瞬間放棄了，很可惜。如果你既然想長生又想功力深厚的話，就必須走「內外兼修」之路，這是由身體的構造特點所決定了的。

很簡單的道理，如果你的內臟尚未具備適應劇烈衝擊的能力的情況下，你便用較為剛猛的動作去操練的話，勢必會影響到你的身體的正常的內在機能。

五、「六合必備」方爲心意拳

　　講究「六合必備」的原因是為了培養人體整體的戰鬥力，亦可稱之為「整勁」的培養，因現今有很多拳派只動用局部的力量去搏擊與戰鬥，如此自然無法穩操勝券，也無法將人體內在的潛能發揮至極限。只有真正做到「六合」，自身才能成為一個「攻防兼備」的整體。在六合中，「心、意、氣、力」屬於內，而「肩、胯、肘、膝、腿、手」屬於外，只有內外合一，才符合自然界的生存規律。例如「心與意合」，可最大限度的調動與引導人體內的潛在能量和精神力量，如此可做到「神在手前，意透敵背，如網天羅，無物能逃」。例如「手與腳合」，可充分發揮勞宮與湧泉兩穴之勁，起到筋梢齊到的作用，當然也只有手腳連綿不斷的進攻才可最終制服強敵。

　　在你的心意拳訓練過程中，每一個動作都應做六合必備，正因為如此，心意拳中的每一個動作也都能有效地制敵。儘管有些地方將心意拳稱為「六合拳」或「六合心意拳」，但這只是名稱上的變化，它們始終未脫離「六合」的範疇，同時也進一步說明了「六合」在心意拳中的重要性。

心意拳技擊秘訣闡釋

　　此處之拳理秘訣是歷代心意門先輩們心血與實踐經驗的總結，是他們歷經血與火的磨礪方才得來的寶貴經驗和心得體會，故我輩應細心體會運用，以便悟其奧義，如此才不致使心意拳藝在我輩手中失去應有的光華。沒有規矩不成方圓，只有明悉本章中的拳理規要，才能做到心中有數，進而產生正確的理論指導。如此就能產生正確的意念，只有正確的意念才能指揮全身各部做出正確的動作來。

一、打法定要先上身，腳手齊到方爲真

　　「打法定要先上身」，是指進攻對方之時，必須先進身貼近對方，以便充分發揮心意拳之「頭、肘、膝、肩」等兇險的短程打擊武器的巨大作用。

　　其中，頭是巷戰格鬥中最為刁鑽、犀利的武器；「肘」則是近戰第一兇狠殺傷性武器，有「寧挨十手，不挨一肘」之說；「膝」雖然擊中目標時沒有什麼聲響，但力量早已滲透到對手內臟裏面，故屬「入裏透內」的高度破壞性武器，舉世聞名的泰國拳就是以「奪命之膝」稱雄

世界的（中國的散打運動員就多次吃過泰拳手膝功上的虧），其實中華武術中也有豐富而實用的膝技，只是我們未能好好利用而已。只有全身整體而進，上下配合，互為引導，才可以用全身完整的整體勁力和「立體戰技」去重創對手。也只有全身整體而進，才可保證腳下穩固以使勁力毫無保留的發出。

所謂「腳手齊到方為真」，是指足進手不進枉然，手進足不進亦枉然。即使你拳力有千鈞重，若足不進而距離敵方太遠的話，則拳力亦無處發揮；手到足也到，打人如拔草，「手與足合」亦為心意拳中最為重要的一合。手只有充分借助步法前衝的慣性力量去創擊對手方可取得最為理想的戰果。

總之，一旦欲進，必須全身無任何抽扯遊移之形，內外上下，頭手足身，全力赴進，而不可有一處不進。

二、腳踏中門搶地位，就是神手也難防

「腳踏中門搶地位」，是指我方進攻時應迅速移步貼近對手，並以腳踏占敵方中門以便控制其「重心」所在，也只有在腳踏入敵中門的情況下，肩、頭、肘、膝等兇狠的近程武器才有充分發揮的機會與較為理想的距離。同時，只有在腳踏入敵中門的前提下，才可由此來阻礙對手的動作發出，並使己方處於最有利的發力狀態，故格鬥中哪一方能佔據對方中門便已算是搶得先機。

當然，「腳踏中門搶得先機」是前提，更為重要的是接下來的攻擊動作應瞬間而發，要充分借用腳前踏的慣性

力量突發兇險的上盤短招去狠擊對手。

　　所謂「神手也難防」，是指只有將腳踏入敵方中門後或踏入敵中門的同時，才可能用「頭、肩，肘、胯、膝、足」這七「拳」去迅速、多變地連續重創對手，使對方無暇反應，或防上防不了下而中招落敗，不能靈活變化招術而僅以僵化的單個動作去攻擊者，絕無法在最短的時間制服對方（頂尖高手除外，真正的心意拳高手可在看準時機的情況下一擊制勝）。也就是說，只有在近身及踏入敵方中門的情況下，才可將人體打擊武器進行更為靈活的變化而自如攻出，使敵方防左顧不了右，顧下又忘了上，如此顧此失彼而落於敗局。

三、肘打去意占胸膛，起勢好似虎撲羊

　　「肘打去意占胸膛」主要指以肘法打擊對手時，必須在步法創造有效打擊距離的前提下，果斷以人體最堅硬的骨頭——肘部之鷹嘴骨，去迅速狠擊敵方胸膛這一致命要害處。亦即以最兇狠的武器去創擊敵方最為脆弱的薄弱環節。為什麼要打胸部而不打高或打低呢？因為若打得太高時己方的肋部便會暴露給對手；如果打得過低時，則力又不易發出而有失中正。另外，身體的移動能力明顯要差過頭部許多，所以，適時打擊身體要比打擊頭部的命中率高出許多。由於身體的面積較大而在可打擊面上多過頭部許多，所以，以肘招重創敵方胸部時落空的機會相對較少。

　　所謂「起勢好似虎撲羊」，是指無論拳打、腳踢或是其他武器進行打擊，都須充分體現猛虎撲羊之「勇」、

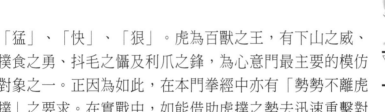

「猛」、「快」、「狠」。虎為百獸之王,有下山之威、撲食之勇、抖毛之儸及利爪之鋒,為心意門最主要的模仿對象之一。正因為如此,在本門拳經中亦有「勢勢不離虎撲」之要求。在實戰中,如能借助虎撲之勢去迅速重擊對手的要害部位(例如「肘打胸膛」或「橫拳打敵心窩」等等),則勝負立分!羊為動物中較為軟弱的一族,而虎類則屬最兇悍一族,最兇悍者於瞬間去撲殺最弱者是什麼樣的氣勢呢?虎的殺氣與威勢,可在未交手前已使對方全身酥軟而於瞬間喪失戰鬥力。

四、拳如炮響龍折身,遇敵好似火燒身

「拳如炮響龍折身」,是指無論用拳打還是其他技法去打擊對手,都須做到「力如火藥,拳如彈」,一旦觸及目標,便要把目標轟碎、炸裂、洞穿,最起碼也要將其打得橫飛出去。在這裏,最重要的是「爆發力」的乾脆、果斷、突然運用。至於「龍折身」,指的是身法的有效配合與運用,因為龍身是心意門「雞腿、龍身、熊膀、鷹爪、虎抱頭、雷聲」這「六藝」之一,故不可不尊。

當然,也只有身腰活便才能使拳力順暢發出。身法如水中之魚、輕靈敏捷,且拳如炸藥,如此動靜相合,剛柔併用,如影追形,方屬心意門之精髓。

所謂「遇敵好似火燒身」,是指擊敵時必須充分調動身、心兩方面的力量去徹底摧毀對手。

很多高手在制敵時都似「發瘋」一般,而以摧枯拉朽之勢於瞬間即放倒或擊昏對手。沒有「牙欲斷金」的狠

勁，沒有餓虎撲食的迅猛勢頭，沒有「擒蛟龍、束虎豹」的威猛氣勢，決難在格殺中一擊制勝或出奇制勝。

本句拳訣實際上與上面所講之「拳如炮響龍折身」是合用的，也就是決戰之時，須抓住瞬間的有利戰機，在精神氣勢的引導與配合下，以突然而無預動的猛烈抖勁與剛猛的爆發力去一舉擊潰對手。

五、三尖相對力展放，四梢齊方可摧敵

「三尖相對力展放」，是指只有做到「鼻尖、手尖、足尖」三尖對正，才能使發勁如放箭，而快速猛烈。由於心意門多用直線重擊動作，所以只有使「三尖」的發力方向一致，才能將全身的勁力集中於一個方向或一個目標發出，這樣才能爆發出強大的衝擊力來。

從力學角度來看，擊中對方時，自身的重力、後足蹬地之推動力與擊中對方時發自對方身上的反作用力，此三者成平衡狀態時自身方能站穩及使勁力發放至盡，致使對方失重飛出，而只有三尖相照才可達到此目的。再者，如三尖不對照，則會導致間架散亂，由於心意拳的本質特點是「整」，所以「散」是「整」的天敵。

「四梢」者，指「髮、指、牙、舌」。其中，髮為血梢，指為筋梢，舌為肉梢，牙為骨梢，如四梢皆齊發，則內勁外力皆可齊出，至此，擊人必令敵飛跌。

以「髮」而言，一指頭髮，二指全身的所有毛髮，當然因為頭髮為全身毛髮的重要組成部分，因此講到血梢時多以頭髮為代表。古拳譜云「毛髮雖微，怒能衝冠；氣沖

血動，精神勇敢；豎髮衝冠，力能撼山。」出招擊敵之時，一定要毛髮警起，使勁氣升於脊，再透胸而貫於梢節，這是勁力發放方面；另外，豎髮衝冠還可在氣勢上先壓倒對手，當任何一個武士看到一個拼命衝來的對手時都會心有所悸，所以心意拳在發起攻擊時或發起攻擊前都要先從精神上去震撼對手；至於「指為筋梢」，我們都知道人體無筋不能伸縮，筋主四肢之伸縮、開合與身體之轉動及足之進退，故這裏的「指」又包括手指及足趾，此兩者都是人體經筋之末端，都可稱得上是筋梢。髮為血梢而可產生強大的內在精神力量，但也只有由「筋梢」方可作用在對手身上」，所以，四梢是缺一不可的；至於「舌為肉梢」，古譜已云「舌卷氣降，雖山亦撼；肉比鐵堅，心神勇敢；靈舌之威，落魄喪膽。」舌不僅作為肉梢而通於脾，從而有助於消化，另外，如做到舌欲催齒，還可助於勁力的發放，因此很多內家拳術都講求「舌抵上腭」；所謂的「牙為骨梢」，古拳譜亦云「化精填髓，骨堅齒實；有勇在骨，切齒則發；敵肉可食，敵筋可斷；惟牙之功。」有些老武師更講究「牙欲斷金」，也就是將牙齒咬緊，以配合調動人體內在的打擊潛力與強化外在的打擊威力。事實上，當你咬緊牙關之時，亦是信心百倍與鬥志旺盛之時，此時你亦會感覺到全身是勁，周身是膽。四梢缺一者絕無法稱得上是心意門高手。

六、步到人翻敵難擋，過步奪人狠招藏

心意拳擊人的特徵，在於被擊者通常會如皮球般凌空

跌翻出去。這一是因為己方的「整體勁力」已充分作用於對手的要害部位上，二是巧妙而閃電般的步法在起到巨大的作用。拳諺常講「教拳不教步，教步打師傅」，因為步法是拳術的靈魂，所以，一般的拳師絕不會輕易將步法傳出去。相對於「步到人翻敵難擋，過步奪人狠招藏」來講，由於己方的上步速度快極，且前腳已超過了對手的重心線，也就是以迅猛撲進之勢去破壞對手的根節，這就是「過步奪人」；正因為己方的腳步已插入到敵方重心內，所以，才有機會施展頭、肘、肩等近距離狠招，這叫「狠招藏」。

心意門拳諺曰「拳打三分，腳踢七分」，這個「七分」不但包含了腿法技術，更有步法（腳法）的有效發揮與運用。功深之人，即使不用上肢的打擊動作，光用下盤的衝撲之勢已足可將人「撞飛出去」，正所謂「周身是功，遍體是拳」，要想擊倒對手，最好先破壞對手重心然後再乘勢擊之，比乃前輩不傳之秘。最後，請記住「上法以手為妙，進法以步為奇」及「足到手也到，打人如拔草」。很多心意拳練習者只知蠻力操拳，而不識步法之主導作用，這樣一來由於打擊距離上的差距，因此，他的拳通常都是無關痛癢的，更無法將敵打得橫飛出去。

七、足打踩意不落空，催發全憑後腿蹬

在本門拳譜中早有「步步不離踩腿」之說，「踩」是心意拳著名的五勁「踩、撲、束、裹、決」之一，不僅要有雞之下踩的外形，更須有「踩意」。

所謂「足打踩意不落空」，是指心意門擅長以寸腿擊敵小腿，而且無論擊中與否，都須將踢出之腳順勢踩向敵方脛部或是足背，而不得空落以錯過良好時機。在這裏不但要踩，而且還需要用力去踩狠，並如「腳踏毒物」一般，將敵腳踩碾碎或是踩裂。

當然，很多前輩高手都能在發踩勁時踩碎腳下的青石板。腳下的踩踏動作不僅可以使自己由此站得更穩，並可深具威脅性與高度破壞力，為深藏不露的「暗招」之一，此又為心意拳的一大技擊特點所在。

在技擊中，由於光靠足之踩踏動作並不能由此徹底制服對手，所以，還需要補充其他打擊動作去重創，這時便須將後腿蹬直而使身體穩固如泰山，上肢則可以用任何一種打擊手段去狠擊對手都可以了。

當然，要想使前腳踩得順暢有力，後腿亦鬚髮「蹬力」與之進行配合，只有有了「蹬勁」，才能使起於後足的勁會循下肢而上達於腰，然後再由腰傳送至肩、膀、肘，最後達於手。而且後足之沉穩、雄渾的蹬勁，還可以催發全身整體向前的衝勁，由此去重創或擊飛對手。

八、「三扣」可無堅不摧，「三垂」則勁整力圓

在本門拳法中，「三扣」通常指「腳趾弓抓扣地面，手指如鷹抓物，兩膀向前合扣」。心意門中的三種主要象形動物「虎、鷹、熊」都在這「三扣」中體現出來了，例如「虎威鷹猛，以爪為鋒；爪之所到，絕不為空」，這三

扣既說明了虎步之穩健與鷹（虎）爪之犀利，還說明了熊膀之功用，並要求兩膀合扣如「熊膀」之勢，因為熊膀尤為雄渾有力，所以，本門極為重視熊膀在技擊中的運用。

運用熊膀之時則自然能做到拔背涵胸，在這裏也並非將膀向裏全扣，而是將肩部放鬆（只有充分的放鬆才能打出突然的爆發力），且略微下沉，進擊時兩肩井穴輕意鬆開往前一送，則肩背之勁自出，此即內功經上所說之「鬆肩以出勁」。

所謂的「三垂」，即「氣垂、肘垂、肩垂」。氣垂也就是「氣沉丹田」，如能氣沉丹田則周身勁力飽滿，以及下盤穩如泰山，更可進一步調動身體內在的勁、氣、力去重創對手。

本門拳法既然是內家拳術，自然就極為重視丹田內氣的練習與運用。而要做到氣沉丹田，首先應做到「胸要虛」及「腹要實」，亦即前輩們常講的「胸中空洞洞，腹中沉甸甸」，本門拳術之所以有取之不竭與用之不完的內勁，也正是由於丹田中的氣在不斷生發與儲發的結果。

至於「肘垂」，事實上是與沉肩聯繫在一起的，這個時候背自拔而圓，整個上體與上肢亦趨於極為靈活的狀態，同時兩肘下垂時還可由此來保護人體上極為脆弱的肋部，正如本門拳法所要求的「手不離腮，肘不離肋」，在這種情況下即使前臂被制，則我方仍可以肘去化解；若大臂被制，可用肩部去順勢化解，也就是須做到「隨勢而變，因時而動」。如果肩肘僵滯不靈，則不僅無法去因勢而變，更無法發揮瞬間的爆發力去突然重創對手。

第五章

心意拳「六合」精釋

　　「六合」是心意拳立拳之基，只有做到「六合渾然一體」，才能將人體的整勁與內在打擊潛力發揮至盡，否則心意拳就與普通拳法沒有什麼區別了。也只有以「心意」指導「六合」，以「六合」來貫穿「心意」，才能最大限度的激發人體深層內的無形攻擊威力，才能體現心意拳之真正的技擊風貌。現將「六合」詳解如下。

一、心與意合

　　拳經云「心為元帥，意為號令，氣為先鋒，力為將士」，明確劃分和規定了人體各部位在練習與技擊中的功用。其中心一動則意生，以心發動曰「意」，以意發動曰「拳」；而心又為五臟之首，故心一動，則五臟六腑均無不動，然心動則意生，故稱之為「心為意之母」。

　　在技擊中，「心」欲攻則「意」須為其領，心欲止則意為其斂；若心欲攻而不攻，而缺乏必要的配合的話，必會因心與意難以匹配而導致己方貽誤戰機而難以勝敵。遇敵搏擊，勝負均在彈指間，如果缺少其中一項要素，亦會

被敵方搶得先機，所以，姬師祖亦早已言明：「學得六合無雙傳，多少奧妙在其間；心與意合氣沉於海（下丹田之「氣海穴」），精神飽滿目疾神穿。」只有心意合用，方能使元神穩於周身，並能使體內之筋骨處於激發狀態及使氣、血到處暢遊，如此陰陽摩蕩，有感皆應，全身充滿了靈動與活力，一旦接招觸敵必如炸藥爆炸般將敵方轟飛出去。

二、意與氣合

所謂「意與氣合」，也就是「以意領氣」，使氣能隨意穿行。因為意有兩個主要作用，一是統帥和導引內氣在經絡中的循行；二是協調與指揮外在動作的正確性。

內家拳法為了內壯身體及外禦強敵，經常要納氣築基以改善體內氣血循行狀況，然在此過程中起決定作用的乃是意（念）的功能。例如，意守丹田而將口鼻吸入之氣下沉於丹田等，就是「意」之所為。

所以，本門拳經又云：「心不發動意不生，內意不領氣難行」。意欲往而氣必至，意欲攻則氣為發，意與氣合為「氣攻」，此種氣攻是無形無色而隱於內的，故可突然發出以便傷敵於無形之中。

氣的作用是很大的，古諺道：「夫生化之道，以氣為本，萬物天地，莫不由之。」氣是人的生命之本，但只有透過「意」的開發才能將它像從地下挖寶般把它挖掘出來，使之滋養人體各部而達到內壯及「形雖老而精（神）不枯」的目的；在技擊中可於瞬間由於內氣的急劇轉動和

聚集，以爆發出排山倒海般之爆炸力來。

　　當然，要想以「氣攻」重創對手，還須把握住時機，正所謂「寧在一氣前，不在一氣後」，你必須在敵方吸氣聚力之時便搶先攻之，或是在其呼氣前截之，使對方無法得氣得勢，在這種情況下，如己方之「意」不敏捷的話，也終無法達到「以我氣截彼氣」之目的，所以，平時多進行意與氣的配合訓練是很重要的。

三、氣與力合

　　常言道「氣不到則力不達」，這句話是很有道理的，無「意」則氣無所領，無「氣」則力無所托，內氣是勁力的發源之所。我們進行有關氣的呼吸吐納的過程，也就是開發人體內的潛在能量的過程。本門先輩們之所以注重「氣沉丹田」，是因為丹田是人體練精氣的地方，當丹田之真氣能貫通任督二脈及自由貫注於四肢百骸時，則必可使四肢的內力及內勁大增，這一點是經本門歷代先賢用實踐檢驗過了的。

　　在技擊中，發力攻擊之時每一招都離不開「氣自丹田吐」，你可以嘗試一下「發丹田力之攻擊」與「不發丹田力之攻擊」有何區別。方法是：以兩種不同的發力方式分別擊打同伴的手掌，問他有何感覺，他一定會說前者更具有「穿透性」與「破壞力」。

　　此外，心意拳還頗講究「雷聲」的作用和有效運用，但雷聲之氣仍然是發自丹田，隨後才聲出於口，若你丹田無氣，又如何「吐氣」、「發聲」及「運力」呢？

「練武不練功，到老一場空。」任何拳術的操練都要損耗一定的內氣與內力，故如果不懂得培元養氣之法，而僅靠蠻力硬練，不僅難以在短時間內達到理想的技擊實戰效果，就是到了年齡大了的時候亦免不了周身骨痛。所以欲求拳術的高深境界，必須先把自身的功夫練到家（此即所謂「打鐵須先自身硬」），然後方談運用於人。

「力」正因為有了「氣」的調節與引導，才可有剛柔之分，這樣就可根據實際情況而各取所需，該柔化時「柔化」，該剛發時「剛發」，隨心所欲，將主動權牢牢控制自己手中。

四、手與足合

「手似兩扇門，全憑腳打（贏）人」，就形象地說明了手與足相結合的重要性。「步不快則拳慢」則又進一步闡述了手與腳是一個不可分割的整體。

當然，「手與足合」不僅是動作外形上進行結合，在勁力上更須巧妙結合。例如，「左腳在前發左手時」如何相合及「左腳在前發右手時」如何相合，都有一定的規矩法度，遵守了此等規矩去操拳才可使人體的機能得到極限發揮，若違反了此等法度，則必使勁力分散與門戶大開，如此一來勝與負必會易人。

另外，心意拳還講究「步步不離雞腿，把把不離虎撲」，每一勢都要求手與足要高度的結合，亦即「步借拳威，拳借腿（步）勢」去果斷的重創對手，離開此，必將偏離心意拳的原旨。

強勁的打擊力必來自於穩固的下盤支撐，也可以說是「力起於腳」，如果連重心都站不穩，又如何去談發重招擊人呢？故惟有手與足合方可發巧力及使勁力順暢發出。你試一下：有時候即使你差幾釐米，但卻把拳頭打空了。為什麼呢？在這裏，不是你的手臂不夠長，而是你的步法沒有跟上，或者說是距離沒有把握好。

五、肘與膝合

肘與膝都屬於人體的中節，它是人體勁氣的轉化之處，因為在「根節、中節、梢節」這三節中，根節是氣、力、勁的發源之地，中節是中轉處，而梢節是發放之點。所以只有肘與膝合，人體內的勁力才能順暢的發出。當然，我們不僅要求肘與膝合，還要求做到「肘與肘合」以及「膝與膝合」，因為只有兩肘向內的裏合勁，才能使勁力集中而不外散，也才能對自身進行更好的防護。

在技擊中之「肘與膝合」，還指上下相隨，例如「肘領膝進」或「膝引肘發」等，由於心意拳是一門講究貼身近戰的短打型格鬥拳學，所以它同舉世聞名的泰國拳一樣很重視肘與膝這種短程打擊武器的協調運用與發揮。而且不僅僅只是泰國拳中才有此等兇險利器，我們中華傳統武學中同樣擁有，只是我們未能加以重視罷了。

六、肩與胯合

肩與胯俱是人體之根節，歷代拳家均要求應發揮來自

肩井與環跳兩穴的勁力以便起到「根節」催「中節」的目的與作用。在實戰中只有根節穩，人的重心才能穩固不移及做到「勁整力實」，也只有肩與胯合，才能使氣血順利通行，並使全身的勁力盡悉發出。

以「虎撲」為例，在進前腳踩踏敵方腳的同時，還可用膝脛撞擊對方的膝脛之正面，以減弱對方支撐重心的能力，這樣當我方以前肩猛撞在對方胸上時，必可使其如斷線風箏般飄飛出去。

除了上述之六合，還要求做到「眼與手合」、「身與步合」、「心與眼合」、「步與腿合」、「肝與筋合」以及「脾與肉合」等，以作為對上述之六合的一種補充。

要練好心意拳真功，就必須達到一動無有不動，一合無有不合，周身內外、上下合為一體，百骸五官悉用其中的境地。這樣不但在格殺中達到內外一體，處處擊人之妙用，而且在強身健體之調理臟腑氣血方面，亦有不可忽視的功效。

第六章

心意拳對全身各部位的要求

前面說過沒有規矩不成方圓，心意拳中的起落、進退、翻轉、吞吐與開合都有它們自身特定的要求，如果不按要求操練而憑蠻勁亂練，絕難入心意之堂奧。心意拳經亦早曰：「人比花開滿樹紅，後來結果幾個成。天生奇才多好用，惜乎奇才不多生。」

心意拳雖只有一套拳法，但圍繞這套拳法所做的準備卻有很多，不下苦功，真藝極難上身。另外，下面有關前輩長期修武的經驗之談，也是本門各項技術訓練的總的指導原則，是練功的基本依據。

一、頭

頭為人體六陽之首，周身之主。頭如前低，則身必前俯，如此必使勁力難以盡數發出；頭若抬高，則身必後仰，如此必使自身門戶大開，影響向前方發出的打擊勁力；頭如左斜，則身體重心亦必隨之左斜；如此前俯後仰與左傾右斜，皆為「病」，它們不但會影響自身重心平衡，還會影響自身動作的有效施展。

那麼，如何才能保證頭部的中正不斜呢？一是頭頂百會穴，亦即「虛領」；二是額部天庭須有向前的頂勁，謂為「頂勁」，此兩者合在一起則稱為「虛領頂勁」。

其中，「虛領」有助於豎項，項如中流砥柱，須端正豎起以增加自身的威勢；「頂勁」則助於收下巴。「虛領頂勁」雖利於搏擊格鬥，但項豎不可僵硬，一切以自然、靈活為宜。

頂頭豎項不但是心意拳的要求，也是各派內家拳術及各派氣功在練習時的共同要求。目的是為了保持人體內在之「正氣」與使體內的打擊勁力能夠順暢發出，如低頭哈腰，則絕無武術家之風範。另外，頂頭豎項還可便於溝通任督二脈的氣路，因為頭部又為三陽之會，故頭上頂則會使真陽上沖，它對貫徹內家拳術之「頭頂、舌頂、指頂」三頂亦會起到先導作用。

二、眼

人之一身，運用在於心，而傳神在於目，故必凝神注視。眼還是一種有效的戰術，例如，可以外示安然，但卻突然發出殺招以擊敵措手不及。真正的高手亦目光如電，因它的殺氣亦是一種「精神控制法」。當年的意拳一代宗師王薌齋便號稱能「目擊制勝」，煞是厲害與高明。

我們在平時練習時就應做到「眼到手到，手到眼到」或「眼到腿到，腿到眼到」，而使眼手（腳）合一，使全身之「精、氣、神」與「手、眼、身、步」都集中或作用在一處或一個點上，給以對手以震撼性攻擊。如果眼不注

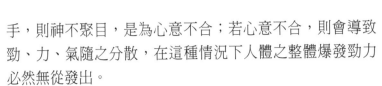

手,則神不聚目,是為心意不合;若心意不合,則會導致勁、力、氣隨之分散,在這種情況下人體之整體爆發勁力必然無從發出。

另外,在攻擊發力的瞬間應光聚瞳仁,而從眼裏發出一種逼人心腑的「殺氣」,此謂之曰「神攻」。目有神光,芒可射人,切切不可萎靡渙散。

三、口、牙、舌

口主要用來吐氣及發聲,而較少用來吸氣,基本上吸氣是由鼻來完成。心意拳的發聲基本上是「噫」,有時候在向上發力打擊時也會發「哼」,或在向下用力時發「嘿」來助力。

牙在四梢中屬骨梢,平時輕扣就可以了,只有在勁力爆發出的瞬間,才「敵肉可食,敵筋可斷(牙欲斷筋或「斷金」)」,而將勁力發放至極致。發力時咬緊牙關,可增大力量而使勁、氣、力更加集中,並能增強自身的抗擊打能力。

舌在四梢中屬末梢,並有上抵、前抵與下抵之分,其中上抵即將舌尖置於上齒根部,目的是為了向上發力;舌尖前抵(前催)是將舌尖置於上下齒之間,目的是為了向前發力;舌下抵是將舌尖置於下齒根部,目的是為了向下發力。另外,舌的運動所產生的津液亦有健身、消渴及幫助消化的功能,這對武術運動是很有益的。同時,舌為心之苗,舌頂上腭可使心火沿任脈下降,從而收到水火相濟之功。

四、肩

「垂肩則力聚於肘」，由於肩屬人體中之根節，若它
聳起與憋緊的話，必使氣血、內勁無法暢通，也就無法使
勁力「過肩達肘」，因此應先「鬆肩」以使氣血暢通，再
「沉肩」以使力聚於肘手。同時，肩亦可略有內扣的力，
因扣肩是為了拔背，拔背才可充分發揮心意門之決勁。

這裏的沉（鬆）肩與前面的豎（挺）項相對應的話，
就形成了一沉一頂之「對拔勁」。

五、肘

肘是中節，在拳術中起承上啟下的作用，故拳諺曰
「中節不能空」，否則整個上肢便會力散，此外拳諺又云
「中節空則節節空」，根節雖是勁力發放之源，但中節卻
是勁力含藏之所，所以心意門要求兩肘應向肋部夾抱以藏
力與蓄力，亦即「手不離腰，肘不離肋」，況且肘肋相合
還能起到良好的護肋作用。同時，肘部還應有下垂的墜
勁，因為只有垂肘才能沉肩，也才能更好的去夾抱肋部，
進而達到「曲中求直，蓄而後發」之勢。

六、手

本門拳經云：「左臂前伸，右臂在肋，似曲非曲，似
直不直。」擺樁時應右手在後護住胸，左手在前並向前伸

出，以便用來控制距離，但不可完全伸直。

心意拳在技擊中用拳打人時，多用立拳，因立拳快速而兇狠；用掌打人時，則應虎口圓撐，以力達勞宮，且多用掌根發力去震傷對方的內臟。而且應先使手及臂放鬆，直至接觸到目標前的瞬間方迅速發力擊出，使手如「紅爐出鐵」，可產生摧枯拉朽之驚天破壞力。

七、胸

本門要求的是「胸要圓」，目的是為了使兩膀力合、兩肘得力及呼吸暢通與氣降丹田。圓胸並不是指凹胸或是凸胸，它只是將胸部稍內含，以便使呼吸時胸部之前後起伏改為左右開擴的呼吸運動，來增大肺活量與使兩肋之伸縮肌得到鍛鍊。

那麼，為什麼不要求「挺胸」呢？因為挺胸會導致使氣逆上行而不能歸根。同時，還要求須做到「含胸」和「拔背」，當然含胸並非「凹胸」，它只將原來正常的挺胸改為略向內含收，使胸部由凸起的形態改為平圓的形態，這種胸部形態的改變還可導致呼吸習慣的改變，也就是上面所說的將胸部的前後起伏運動，改為胸肋橫向左右開擴的開合運動。而且含胸則氣降，平常人的呼吸則只是在胸肺至口鼻之間的短距呼吸，故在發勁時無法做到「氣自丹田發」，他甚至無勁可發，如此一來就很快感覺到呼吸緊促乃至於呼吸跟不上，在這種情況下也很容易使心肺過度疲勞而導致一定程度的損傷。故只有將氣下沉於丹田中，才可減輕對心、肺的壓力，同時也相應的增長呼吸的

距離，而呼吸距離與時間的增長又必可直接擴大氣的吞吐量，從而增強自己在長時間格鬥中的耐力，進而做到「氣足力順」，才可爆發出真正具有破壞力的致命性打擊動作來。

八、脊、背

脊就是脊椎骨，它分為胸椎、腰椎、尾椎三節，其中胸椎負責肩、頭、頸的運動，例如以「頭打」擊人時，就是主胸椎之支撐與發力。而腰椎乃是主宰人體轉動的主軸，拳訣曰：「一身之勁在於腰。」它還是支撐和連接上下體運動的骨幹。尾椎是此三椎中之根節，亦是發勁之源，猛虎在撲擊前乃「夾尾」之動作，打擊時則是「豎尾」。尾不但有維持平衡之作用，且助於發力與放勁。

背位於椎體的兩側，它與脊是合而為一的。本門的具體要求是「拔背」，並以縱向之拔背為主，亦即上下要有一個互相對拔的勁，以利於氣通督脈。而且吸氣時應輕（鬆）拔，發力與呼氣時則緊拔，也就是發力「轟人」時，背應使勁力上移至大椎，再分散至肩、肘、手。同時，拔背還可使「背圓」，即大椎至尾骨形成一個縱向的半圓，這裏的「拔」通常指鬆開肩胛骨，且使肩略前送，如此，脊椎自能節節鬆開，而椎節鬆開方利於勁與為的運送。

九、腹

本門拳法對腹的基本要求是氣沉丹田，納氣歸根。只有做到這一點，才能在實戰中做到「氣自丹田吐」，亦即要求氣聚小腹與深沉海底，進而增大打擊時的爆發勁力。

常練丹田氣，可使氣隨意至，力隨氣發，使攻擊深具穿透力；並可降低自體的重心及增加下肢的力量。心意拳之所以在攻擊時無堅不摧，正是由於丹田中的氣之騰然與不斷蓄發的結果。另外，透過氣沉丹田的鍛鍊，還可使腹部的韌性及抗擊打能力大大增強，這樣一來就可以做到自身不怕打，但我的任何一記重擊均可將對手打得橫飛出去或導致其重傷，這就是心意拳技擊特點的一大體現。

　　當然，腹中的氣既不可只蓄不發，也不可以只發不蓄，而應隨著攻防的變換進行轉換（蓄或發），具體可參照「抱七撐三」的基本要求去實際操作。

十、腰

　　腰是人體中節之中，既是連接上下體的樞紐，又是勁與力的發源地。正所謂「一身之勁在於腰」，腰不僅包括後腰、左腰與右腰，還包括前腰。本門對腰的具體要求是「腰要挺」，因為腰挺則脊骨挺拔，由此可力達四梢。例如，在向前攻擊時，腰部可借後腿的蹬勁向前向上拔，以便使勁氣上提於脊，再貫達於臂。另外，身挺則頭部正直及精氣貫頂，脊骨拔開則督脈暢通，如此才可發出足可穿胸透腑之「深層爆炸力」，予敵以致命性重創。當然，腰除了助於發力外，它還是一種身法，也就是本門拳法所強調的「龍腰」，有時也籍著腰的擰轉來閃避或接敵。

十一、臀

　　本門拳訣曰：「提起臀部，氣貫四梢；兩腿繚繞，重

心穩好；低則勢散，故宜略高。」它的基本要求是收尾閭或提臀，以助於丹田抱氣，以不使氣散。但是，提臀不是凸臀，臀一凸就破壞了人體的「中正勁」，並無法有效發揮身法之作用。

也就是說，提臀可使腰椎與胸椎及尾椎之間保持一個較為完整的中正勁，從而不至於在實戰中出現身法上的左歪右斜之形態，同時還可保證體內整勁的完整發放。

十二、膝足

本門對下盤的要求是「左足直前，斜則皆病；右足勢斜，提踵摩脛；隨人距離，足趾皆空」。心意拳進步擊敵時大多是將後腳提起以踵（後跟）摩前腿脛部而敏捷攻出，以保護襠部與加快踢擊速度。而且在腳落地時應變為向下踩，這就要求五趾須有向下抓扣的勁，要如抓毒物般毫不放鬆。或者說，足落地後足掌應有「入地三分」的踩踏勁，以利於穩固的控制重心或由此去重創敵腳面。

相對於膝關節而言，它不但有維持身體重心的重任，同時更具有打擊與攻擊的功能，例如拳訣曰：「膝打幾處人不明，好似猛虎出木籠。」具體運用時對膝的要求首先是要「扣」，也就是微向內扣以護下體，並用來更好的協助維持身體重心。再者就是要「頂」，也就是進攻之時，在腳往敵中門踏入的同時，可用己方之膝關節去突然頂撞對方的膝關節，以破壞其支撐重心的能力或削弱其整體的戰鬥力。當然，如能直接以膝打中對方的致命要害部位的話，當可「一擊制勝」而勝負立分。

第七章
心意拳勁法研究

　　勁法的修習是本門秘中之秘，向不輕傳，非入室弟子不傳，這樣就算你操拳幾年，也無法臻至上乘境界。「勁」為拳之靈魂，「練拳容易得勁難，靈勁上身天地翻」。心意拳的勁法運用主要有五種：「踩、撲、裹、束、決」，現分別詳解如下：

一、踩　勁

　　本門講究「步步不離雞腿」，主要是指向前落步時一定要順勢踩住敵腳以控制住對手，而且當起腿踢完後亦須順勢下落而踩住敵腳，使敵方根本無法脫身，正所謂「起要狠，落要毒」，我方及時、有效的「踩、踏、碾」其下盤，這種兇狠的攻擊動作必可使對手劇痛難忍，因為「十趾連心」。

　　待破壞對手的下盤根基後，上肢的重擊動作也必可使對手飛身跌出，亦即「上法以手為妙，進法以踩以奇」。而且，在前面的腳踩落的同時，後腿最好應發蹬力與之配合，還是本門拳經說得好：「腳打落意不落空，消息全憑

後腿蹬。」不懂「踩勁」者，絕無法進入心意門之堂奧。

雞腿之踩勁者，不僅穩固而且兼具靈活性，就如現實生活中的雞一般，雖然看似重心偏高但在其奔跑或扭鬥中卻絕少會失去重心平衡，這就要求站立或踩踏時兩腳之足趾要抓牢地面，而且可足心含空而足掌踩勁，至於足跟則「撐勁」或是「蹬勁」。

據說本門一代名師袁鳳儀便在踩腿上堪稱一絕，他平時走路時專選凹凸不平之地或山路用來鍛鍊腿法韌力與勁力，由於本門提倡步步不離雞腿，所以，很多拳師都認為是「練了一輩子拳，踩了一輩子腿」。

二、撲　勁

撲勁主要是借用了猛虎的威猛氣概而予敵以身心兩方面的雙重攻擊。虎是百獸之王，「仰天一吼乾坤動，便是天地也應驚」，撲勁就應如餓虎撲食，以體現出快速兇狠、聲威並進、勢毒勁狠的特點來。

具體練習時，應做到「一進無有不進，渾身齊到無遮攔」，並且應意領、氣催、頭進、身進、步法進，且後腿蹬，以全身之內外整勁一舉擊潰對手。

撲勁是一種瞬間的表現，要在敵方做出反應前果斷出擊並一招制敵。撲勁既要充分利用前衝的慣性與勢頭，又須把握好自身的重心，將身體之巨大的「衝撞力」與強猛的「內在勁氣」合而為一，去狠擊敵中盤要害處，使對手如斷線風箏般飛出去。

「勢勢不離虎撲」，少了撲勁本門亦謂之失真！虎撲

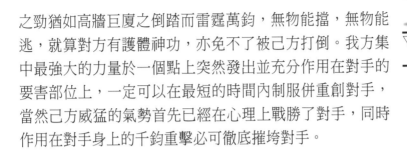

之勁猶如高牆巨廈之倒踏而雷霆萬鈞，無物能擋，無物能逃，就算對方有護體神功，亦免不了被己方打倒。我方集中最強大的力量於一個點上突然發出並充分作用在對手的要害部位上，一定可以在最短的時間內制服併重創對手，當然己方威猛的氣勢首先已經在心理上戰勝了對手，同時作用在對手身上的千鈞重擊必可徹底摧垮對手。

三、裹　勁

　　裹勁主要是一種防守勁，「裹」者「合」也，攻是「開」，守是「合」，裹勁主防守而不主攻，裹勁主要是橫向發力，以橫截或格擋對方的重擊（圖1）。

　　裹勁的根源在步，主宰在腰，轉換在肩，發放於手臂，總之是全身合一而非單純用上肢中的勁，正所謂「一動無有不動」。將全身的整體的勁力集中於手臂上迅速發

圖1

出，這樣一來，不但可以成功消解敵方的攻擊，還可由此擊折或震麻敵方用來進攻的手臂，而損毀其攻擊武器，收到一舉兩得之功效。

圖 2

四、束　勁

　　束勁又稱「縮勁」，在拳術中，束為陰，展為陽；束為防禦，陽為攻發。束的典型動作是「猴蹲縮」（圖2），它是一種備戰過程與蓄勁階段，也就是說束勁練的是「蓄而待發之勁意」。例如射箭，必先後引而再發，所以如「蓄勢力足」則「發箭力強」及「射程長遠」。

　　攻擊之前如無充沛之勁力來奠底，則發勁強擊就是無源之水，無以為繼。切記，「陰生陽發」之自然規律切不可錯亂，有「蓄」才有「發」，只有「蓄得充分」才能「發得充分」。

　　短跑運動員在臨跑前皆是蹲縮於地上以蓄勁或蓄力，一旦發表令槍響，必如離弦箭般飛出；相反，若由直立狀態起跑者，則絕無動力可言，更無勝算可言。

　　心意門之束勁原理亦同於此。「收」是為「發」準備著，「縮」是為「進」準備著，「防」是為「攻」準備著，同時本門拳訣亦云：「防要如蛇吸食不放鬆，打要如

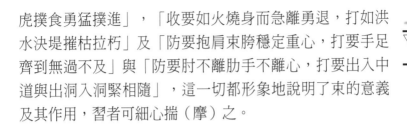

虎撲食勇猛撲進」，「收要如火燒身而急離勇退，打如洪水決堤摧枯拉朽」及「防要抱肩束胯穩定重心，打要手足齊到無過不及」與「防要肘不離肋手不離心，打要出入中道與出洞入洞緊相隨」，這一切都形象地說明了束的意義及其作用，習者可細心揣（摩）之。

五、決　勁

決勁又稱為「絕勁」，取義為「決堤之勢，勢不可擋」。決勁是內家拳中取勝於人的極為重要的勁節，並以發之突然（無形）及衝擊力強大而著稱，也是一種足可「入裏透內」的勁節。

心意門高手之決勁猶如山崩地裂一般（圖3），爆發只在一瞬間，故對手極難防範。常常是只見對手飛身而出，而不見攻擊者出手（疾手打人不見形，見形不為能），離開了驚人的快速度，決勁亦無法有效發出，或者說決勁發出的前提是要有極快的速度，從科學的角度來講，爆發力等於力量乘以加速度，所以說疾如閃電的快速度是格鬥致勝的必要前提。

決勁來自於身體前

圖3

衝之慣性衝力、手腳身體相合之協調力與丹田內氣的集(急)聚吐發，缺一不可。實際上也就是「三節要合一」、「四梢要齊起」、「五行俱閉」及「六合為一」。

當然，束勁與決勁也是經常配合起來運用的，拳諺曰：「收如伏貓，縱如放虎。」瞬間的抖絕勁必如高速賓士的汽車撞人一般，觸者無不凌空飛撞出去。

在心意拳中，五勁又稱為「五毒」或「五絕」，乃心意門修練之核心指導原旨。對它們的總體概括是：「踩如腳踏毒物，撲如餓虎撲食，裹如包裹之不露，束如收身蓄勁，決如出膛之炸彈。」但此等勁法非一朝一夕所能。

第八章
心意拳「六藝」精解

「大匠不能棄規矩」，凡練心意拳者必以「雞腿、龍腰、熊膀、鷹爪、虎抱頭、雷聲」之六藝為基本身形，若不明此理，即屬於理論上空談。當然它與第六章所介紹的內容是可以配合使用的，都是對訓練中的身法或技術上的一種基本要求，只不過在這裏講解的更為具體罷了。此六藝若缺其一，亦不合乎心意拳之規格。

心意拳雖講求「心」與「意」之發揮與運用，但若外形肢體的動作不正確的話，那麼內意、內氣、內勁亦必會受到影響。所以說「內動是外動之源，外動是內動之體現」，沒有動作外形上的規矩，就無法由形而知拳意了。

一、雞　腿

雞行走極為平穩，就算是單腿支撐站立時，亦從不會跌倒，所以拳家便取雞步之穩健而稱「雞腿」。雞行走時多一腿踩下，另一腿屈膝提起，這屈提的膝部不但可以用來保護襠部，而且還可以向前沖頂對手的正面要害部位，以作為近距離格鬥中的犀利武器。

由於雞行步夾襠而行，故不會有露襠之危險，本門拳訣曰：「兩腿似曲非曲是弓，兩膝緊扣閉中門。進步摩脛防意外，腿法之中此為根。」

雞腿除了重心上的功用之外，在刨食與追食時亦頗有可取之處，因它能任意而又靈敏的運用其雙腿，且威力巨大。拳譜對雞腿的又一概述與具體要求是：「足堅而穩，膝曲而伸，襠深而藏，肋開而張，逼胯以堅膝，圓襠以固胯，按肩以練步。」久練雞腿，還可使足力強健而健步如飛，在日常生活中通常是人老腿先衰，一過 60 歲下肢的行動便極為緩慢了，但常練心意拳卻可以改變這種情況，因此心意門多有老壽星。

心意門要求「把把不離鷹捉，步步不離雞形，勢勢不離虎撲」，此三者合而為一方可認為是心意拳的真正體現。這裏的「雞形」主要指雞的踩撲之能，亦即「雞腿」。踩是五勁之一，練好了踩腿功夫，腳下便如生根一般，且可做到「前腳未起後腳隨，前腳甫落後腳追」之雞行穩健、敏捷的架式。

有前輩云：「練一輩子拳，踩一輩子腿。」因為心意拳始終遵循步步雞行的法則，所以儘管上身的打擊極為強猛，但下肢卻仍會穩如泰山（雞雖給人一種「上重下輕」的感覺，但無論其怎樣高速奔跑或跳動，卻永不會跌倒，這也是本門重視及苦練「雞腿」的根本原因）。

心意門一代巨匠買壯圖，尤擅「雞步」與「雞腿」，他在習藝時由於相隔師父家有幾里路，因此每次往來就以雞行步行之與練習之，當然鄉人亦不免會譏笑他，但他卻視而不見，如此苦修數年終至登峰造極之境。

有與其較技者，買師無不「踩步不出三步」即使敵跌於丈外，而買師又能快步向前扶之以使其不倒，其步法之精湛可想而知。

相聞當年買師演練踩雞步時，足掌踩按地面之磚塊會使之偏斜隆起而坎坷不平，甚至可踩碎那些極為堅硬的青磚，於此可見其踩雞步用勁之威猛。

二、龍　腰

傳說中的龍能夠騰雲駕霧，且往往是神龍見首不見尾，又因其角、爪、尾都是搏擊利器，故而要首尾照應，亦即擊之首而應尾，擊之尾而應首，然這一切均主宰一個關鍵環節：龍腰。

因腰是一身的中節之中，既是上下體連接與轉動的樞紐，又是全身勁力的發源與周轉之地。如果腰部無力，則根本無法發揮全身整體的勁力去擊人；如果腰部轉動不靈活，則根本無法迅速由「攻轉入防」或「由防轉入攻」。關於龍腰，有拳訣曰：「進退反側靠此身，縱橫翻騰任意行；吞吐趨避隨勢走，千變萬化顯此能。」

龍的腰是萬物中最強韌而有力的，所以一旦練就龍腰之技，是十分厲害的。龍在搏擊中需要首尾呼應，人在搏擊時亦同樣要求手足協調一致。我們都知道「力起於足」，並「主宰於腰」，雖然熊的腰更為粗壯，但卻缺乏必要的靈活性與快速度，所以，熊與龍相比便只能直線前擊而無法有效的迂迴巧進。

心意拳之龍形練的就是腰，目的就是練出龍的扭轉之

體與三折之腰。龍之腰柔時如水、硬時如鐵而力達千鈞，其快速擰轉的態勢就好像一支粗壯的彈簧，一旦發力衝擊將無物能擋。

例如「背勁」（虎擺尾）擊敵時，就須有如龍蛇之轉身，猛然回身以裏橫之勁去狠擊敵頭部空檔處。如果轉身快則不但可加快手上的打擊速度，且轉腰本身就可產生足夠的打擊勁力，所以，運用龍腰與否將有天地之別。

龍腰的另一大優點是「未覺其動，已近敵身」，亦即不以手動為進，而以腰轉為進，兩手相交間，未覺其手動，其身卻已欺近。

三、熊　膀

「熊形」是心意拳創拳之本，正所謂「鷹熊競志，取法為拳」。熊不但有爬樹捕食之能力，且有挖地捉蟻之巧。外間人大多認為熊極為笨拙，然事實上它是極有靈性的，例如，正常情況下熊要冬眠幾個月，但其在冬眠時卻保持有極高的警惕性，一旦有動物接近，它便會感覺與察知，所以說熊是極為敏感與有靈性的。

熊在搏鬥時通常是後發制人的，因其體重較大，故須在看準時機後才一擊制敵，熊形之勁力不發而無懈可擊，發則無可抗拒。不但其膀沉雄威猛，就是揮掌出擊亦可斷樹碎石，無物能逃。

熊膀之衝撞力是極為駭人的，因它同樣是借丹田之勁氣以制敵。本門拳經謂之曰：「頭正而起，肩平而順，提頦以正項，貼背以轉鬥。」

熊之秉性寧靜而含蓄，兩膀尤為強健有力，且直立之姿態尤為雄挺，特別是熊膀上提胸前時，不但是頭頂項豎而威猛異常，並且垂肘護肋以防敵襲擊。

心意門取熊膀之意乃取鬆肩塌膀與頭頂項豎之形。因為沉肩則長，亦即「一寸長，一寸強」；另外，鬆肩塌膀與頭頂項豎又必可形成一沉一頂之「對拔勁」，而且久之則其勁必沉而猛，一旦觸物擊人，必可使對方如遭電擊般地飛身跌出。

四、鷹 爪

鷹是最為強悍的飛禽，其嘴與爪均鋒利如刀一般，而且其撲擊之勢亦快如閃電及猛如利箭、勢如猛雷，正所謂「鷹擊長空」。心意拳創拳時便是取「鷹之進攻」與「熊之防守」作為根本，故如若失去此二勢，則本拳失真矣。

本門拳經又曰「把把不離鷹捉」，講的就是鷹之「捕食、鑽天、擊翅、翻身」等技能在心意拳中的重要性與具體體現。

我國武術界有句名言叫「出手如箭，回手如鈎」，就主要相對於雄鷹之搏擊技能而言，也就是要做到手去不空回，在拳與掌攻擊後應回手如鈎，順勢撕開對方防禦或透過牽化等動作，而破壞對手的重心平衡及打亂其防禦體系。我國傳統武術中的三大毒招「葉底偷桃、二龍戲珠與黃鷹掐嗉」中的「黃鷹掐嗉」便直接來自於鷹形之格鬥技中（圖4）。

鷹的搏擊形象是陽剛強悍、氣貫長虹，傳統武術講究

「一打二拿三摔」，這三者都離不開鷹爪之能。例如，所謂的「打」亦只有先用一手封拿住敵方之手，另一手果斷攻出去狠擊對手；所謂的「拿」，本身就是鷹爪之能，歷史上很多有名的鷹爪拳大師本身便都是頂尖的擒拿高手；所謂的

圖4

「摔」，你只有抓牢對手或是扣緊對手的脈、穴才能順利摔翻對手。

當然，本門拳學也很重視鷹爪之勁、氣與力的訓練，因為如無真功輔佐，不但無法在瞬息萬變的激烈搏擊中一擊制勝，反而會在抓（擊）時損傷自己的手指。

本門鷹爪勁意的訓練分為內、外兩種，內者是練「恨天無環」之勁意與勁氣，也就是猶如雙手握住樹枝而猛力下拽，似要把大樹拉折或把富有彈性的樹枝拉斷；或者是如果「天若生有環把」，你就應雙手鷹捉所至，使天墜落，在這種情況下，你的身與心兩方面的潛能必發揮與昇華至盡。

至於外功練法，則可以以指做俯臥撐、插沙、丟抓沙袋及擰筷子等方法來循序漸進地練習。以便使全身整體勁力由手指盡數發放出去，從而出手見紅，一爪制勝。

五、虎抱頭

　　虎之威猛氣概可謂是勇冠山林。虎一向被譽為「山林之王」，心意拳就是借助其「王者氣概」，從精神與心理上徹底毀對手。作為山林之王，虎的撲殺技能也絕對是第一流的，而

圖 5

本門拳法就將其「殺氣」及「勇猛殺技」合二為一，去迅速果斷的擊敗或制伏對手。

　　例如，本門中常用的兩個招式「虎撲」與「虎抱頭」，便具有一定的代表性。拳經對「虎抱頭」的解釋是：「手似兩扇門，全憑腿打人。三口併一口，打人如同走。手閉外五行，肘護內五臟，出洞入洞緊相隨。」在這裏，「三口併一口，打人如同走」，是指虎撲食時是口與兩爪一齊到達，而「口爪同攻」，以此來形容虎之威勢與撲勁。

　　不過對「虎抱頭」向來有爭議，首先有「單虎抱頭」及「雙虎抱頭」之分，再者還有攻擊與防禦之分。防禦者是以爪抱己之頭，形成嚴密的防護姿勢；然事實上心意門真傳之「虎抱頭」是虎前撲之時以雙爪抱敵方之頭或以兩爪同時向裏夾擊敵頭，這時下面可配合以膝蓋去狠撞敵心窩或腹襠等致命要害處（圖 5），從而一招制敵。而且拳

經亦曰：「起手鷹捉，出勢虎撲。」此為心意門核心技擊原理，所以「虎抱頭」或以虎形攻擊之式在本門拳法中隨處可見，還有一種虎抱頭是進攻時以肘法去重擊對手（圖6）。

也就是，借虎撲之勢而「手不離腮」及肘部摩肋猛然進擊，以迅

圖6

雷不及掩耳之勢以肘尖部之極為堅硬的鷹嘴骨去狠擊敵方的心窩或下巴等要害處。

心意門有一位姚姓前輩，其擅鬥，尤其慣使虎抱頭之技襲人，其法是：笑臉迎敵以麻痹對手，其雙手似梳理頭髮般向上抬起，然後突然變招而換為雙剪手順勢而下突然衝擊敵頭，對手即敗北無疑，堪稱是巷戰一絕。

六、雷　聲

本門拳經中便專門有一首歌訣來描述雷聲之功用：「奪人千古仗雷聲，聲威喝退百萬兵。就是知情天不怕，迅雷一震也應驚。」心意拳先賢馬學禮赴京城打擂時就是在發雷聲的同時一拳擊倒了對手，賽後一位王爺問他這是什麼招式，馬師答曰：「心意六合拳之雷聲。」

馬師的突然發聲猶如霹靂一般，對手尚在驚愕遲疑

中，已被馬師於瞬間打翻在地了。故雷聲有干擾對手思維及衝擊對手自信心的巨大作用。

　　戰國時孟賁唱水倒流、三國時猛將張飛喝斷當陽橋，皆為描述「雷聲」之功的典故，也是運用雷聲制敵的典範。先輩創拳時便已經想到猝然之叫、嘯、吼、喝聲定會使人驚怪而手足無措，此時我方可乘機痛下殺手，狠招擊敵，則敵方無有不倒。

　　最明顯之例子是「貓捕鼠」：貓在捕擊之前必先縮身以蓄其勁力，及至騰身前撲，則必嗚嗚發聲，且張牙舞爪，其勢甚為勇猛，人觀之雖無特別，但是鼠聞之、觀之則必頓感毛骨悚然而渾向酥軟，連跑動的力氣與逃的意識都沒有了，只有俯首就擒，心意拳即取其「雷聲」之原理為用。

　　拳經又云：「肺動陣雷聲。」聲必須隨手（招）發而出，並以「手隨聲落」為要點。雷聲之發，要與霹靂相仿，使萬物皆為之驚；同時氣自丹田發，聲出於口，曰「噫」聲如陣雷。由於四梢皆已被雷聲喚起而齊備，故內勁必整體迸出，此時敵方無不因精神與身體受到雙重打擊而瞬間落敗。

　　雷聲乃心意門之珍品，它既是將勁力發出的「導火線」，又是打擊之「炸力」無限發揮的助燃劑。

心意拳雷聲之專門訓練

實踐證明心意拳源於古代之兵法、戰陣，古時兩軍對壘皆有戰鼓擂響以助軍威，成為軍隊心理上與精神上的支柱。心意拳在技擊時則借發聲來從精神上去「穿透」與「擊敗」對手。可惜自郭雲深跟李洛能學藝後，其後人已不發聲，蓋因雷聲「涉俗」，實在可惜。

關於發聲以對於技擊的具體功用，有拳諺曰：「呼喝則風雲變色，開拳則山岳崩頹。」當格鬥進行到高潮時或到了關鍵時刻時，隨動作而發出的尖銳的吼叫聲或配合象形動作而發出的雷鳴般嘯叫聲，能使人頓覺精神振奮與拳勢威猛，進而使勝負易手。

一、「雷聲」的具體功用

1. 發聲以助力

發聲能夠激發人體內在的潛能，從而使肢體上的打擊力道無限提升，拳諺曰：「聲隨氣發，力隨聲至。」發聲不但可以助長己方之力及壯己方之膽，同時還可破敵之

膽。當一個人夜間行走山林之路時，必會高聲唱歌來壯膽，對不對？

另外，你還可以做一個嘗試：讓你的朋友伸出一隻手掌來，你先「發聲」的方式擊之，再以「不發聲」的方式擊之，問他有什麼區別？他一定會說前者更有「穿透力」，因發聲可使真氣鼓蕩而致使身體像一個快要爆破的皮球般，必須要找一個缺口來洩氣，這個「缺口」就是你的一記致命重拳或兇猛掌擊。

2. 發聲以抗擊打

我方出招攻擊敵方之時，敵方亦必會設法擊我，這是格鬥雙方的一種很自然的正常反應。如果我方發勁擊人之時，同時發聲助威，使部分氣外出，而另一部分氣則內沉於丹田（並由丹田輻射至全體），這個時候就算對方的拳或掌能同時擊中己方，也會由於己方已有內氣固體，所以也不會受傷太重。況且心意門本身就有「固氣」以抗外來擊打的訓練，因此，心意拳士是不畏敵人擊打的，正因為他們不怕擊打，所以，才敢打敢拼而使技術得以淋漓盡致的發揮，並首先在膽氣、精神上占得上風，拳諺云：「一膽、二力、三功夫。」膽量與自信心是極為重要的，它是技術得以有效發揮的根本保證。

另外，由於武術對抗中經常要進行攻防轉換，這時人的呼吸可能也要隨著進行變化，故而要經常憋氣或閉氣，但經常憋氣會使人體內的胸內壓與腹內壓升高，給胸腔內的血液循環造成了一定的困難，這樣時間長了對心臟是不利的，而心意拳的「發聲」則正好可以解決這個問題，因

它能夠快速解除體內的憋氣狀態，也就是將憋在人體內的氣瞬間發放出來以解除內臟的壓力，消除憋氣對人的機體所帶來的不利影響，同時也可用來增強自己的打擊威力，可謂一舉兩得。

二、「雷聲」的訓練

心意拳流傳至今已經分化為很多流派，這諸多流派又各自有不同的特點與風格，單以雷聲來講，有些流派是在發招擊人的同時才「氣自丹田吐」而發聲，以便「氣隨意至，力隨氣達，聲隨氣發」，也就是將丹田氣及本身勁力盡數發放出來，以求獲得一種一擊便可「山崩地裂」的震撼性打擊效果，所以，他們平時練習的也就是在「發聲」的同時將「內氣」及「勁力」同時發放出去。

還有些流派是在發聲吐氣並擊人的同時，仍有一部分氣沉於丹田中，以便使整個身體充滿整體的混元勁力，這時就算我方出招擊人的同時也被對方所擊中，也不會有大礙，因為我方已經預留了一部分氣在體內護體。當然，大多數流派在發招擊人時皆會發「噫」聲來強化攻擊力；不過有些流派是在平時練習內氣時便發「噫」聲，例如在口中發「噫」聲的同時，以意引氣下行於丹田之中，他們講求的是「心到則意到，意到則氣到，氣到則力到」。

無論是攻擊時發「噫」聲擊敵，還是平時練習時發「噫」聲，它都有長與短之分，發長的「噫」聲是為了運用長勁去重創對手；發較短的「噫」聲則是為了運用短促猛烈的短勁在盡可能短的時間內去快速狠擊對手，故對手

極難防範。當然，只有長勁與短勁互助配合運用才能穩操勝券而無往而不勝。雷聲並非做每一個動作時都發出，而在做關鍵性的動作時才果斷發出，以便給予對手以意想不到的致命性重創。在某種程度上，雷聲的凌厲與否也反映了一個練功者的功夫之深淺。

三、「雷聲」訓練的注意事項

發聲固然可以增大打擊勁力與增強攻擊氣勢，或是用來充實、保護自己的內臟，但是也應該恰到好處，也就是說我們在平時練習時也不是每一個動作都要發聲以助力，因為如果發聲過於頻繁的話，會致使人體內的熱氣大量外散，這樣一來如時間久了將不利於真氣的充養。「聲隨氣發，氣隨力至」是對的，但應恰到好處，如此方不失心意拳這種內家拳術的真義。正因為如此，在整個「四把捶」套路中也僅有幾次配合發聲的練習。

在訓練或對抗中如呼喊過於頻繁的話，不僅對咽喉不好，還會出現氣散力竭之現象，同時還會因傷氣而影響自己的耐力。試想一下：當你呼吸跟不上時，是否會感覺到動作無力？

但是我們也不要因為發聲過多對身體無益便放棄該項訓練，這叫「因噎廢食」，關鍵是如何把握「量」與「度」，況且人們發聲時亦可「高、低、大、小」進行穿插練習，以使咽喉有休息的時間，及內氣有調養與調節的過程。

心意拳練習「十大要論」

　　所謂「十六要論」與前面的「對全身各部位的要求」並不矛盾，它同樣是對心意拳訓練與學習過程中的一個概括性指導，它也同時涵蓋了心意拳訓練與實戰中的方方面面的要素與要求，同樣是前輩們心血與經驗的一個總結，更是對前面所講述的內容的一個補充，也是對後面所要講的內容的一個提點。

　　不明白此要論，就不容易入門，也就更談不上深造與成功了。拳諺曰：「武藝雖真竅不真，費盡心機枉勞神。」若不明理法，就是練一輩子拳也無法登大雅之堂。

　　所謂「十六要論」者，指一寸、二踐、三躓、四就、五夾、六合、七齊、八正、九脛、十驚、十一起落、十二進退、十三陰陽、十四五行、十五動靜、十六虛實。現分別詳解如下：

一、寸

　　「寸」者，在心意拳中，通常指「寸勁」與「寸步」。「寸勁」是一種近距離內突然發出的速度極快的瞬

間爆發力，它集中體現在動作結束的瞬間，可給人一種乾脆俐落、飽滿剛勁的印象。

寸勁是力量和速度的最佳結合結果，它主要是透過加速度而形成的。當然，它與呼吸的關係亦極為密切，只有做到以氣催力，才能進一步做到氣催而力剛，予對方以突然性的致命重創。

當然，寸勁也並不是說發力的距離只有一寸，因為一寸為之「寸」，九寸也同樣為之「寸」，只是寸勁要求爆發的距離越短越好，以加大對方防禦上難度；當然勁力爆發的距離也是隨著功夫的逐步加深而逐漸縮短的，如能在一、二寸的距離內爆發出強猛的「瞬間爆炸力」自然是最好，這也是最理想的寸勁，不過，卻需要經過一段時間的苦修方可達到。

所謂的「寸步」，主要指己方上步的速度須快速敏捷而突然，同時它亦是一種短距離內的步法，主要是在距敵一至二尺時突然運用，以便使敵方防不勝防。

本門拳經曰：「足起而鑽，足落而翻，不鑽不番，以寸為先。」由於這是一種短小而迅疾（隱蔽）的步法，因此，它的預動相對來說較小，對方在防禦上難度也較大。

寸步雖是快速前進的步法，然它同時亦含有下踩的勁力，不過，在踩勁發力時應足高不過三寸，以保持閃電般的快速度與攻擊的突然性，也正因為下肢的前衝之突然性與高度威脅性，所以，對方必然要集中精力進行防範，但這就為己方的「突如其來」的上盤打擊動作創造了極為有利的條件。

二、踐

「踐」者即剪，通常指步法上的快速前進動作。拳譜云「收如伏貓，縱如放虎」，即指「踐」，它的作用一是代表了身法的沖進須快，二是指向前攻進的踐步應敏捷、及時而穩固，而且距離亦應恰到好處，以便將上肢的打擊潛力發揮至極限。也就是說，這種突然而迅速的步法主要是為上肢的有效重創性打擊服務的。

實踐中，踐步也叫「過步」，主要是在距敵四至六尺時毫無預動的突然運用。踐步的要領是兩腿應夾實踐進，如夾剪之夾，以不使勁散。

也正因為己方進步時是夾實沖進，故肌肉在一定程度上是收縮的，這就是會使己方變得重心極為穩固及抗擊打能力良好。

三、躦

「躦」在本門中主要指身法，有歌訣曰：「手從腿邊起，側身夾步行，起落躦伏。」躦者，身法靈活，進勢如矢，所以在本門拳法中又有拳經說「進身如虎踐，拳法如箭躦」，以及「不沾不按，不躦不翻，躦翻，一動響連天」。也就是說，只有身法攻勢得法，拳法才能「爆炸力無限」而無堅不摧。

在實踐中，身法之向前或向上沖進方謂之躦，但要先「縮」而後「展」與先「合」而後「開」，才能做到「縮

如蛟龍蜇伏，展如蜇龍沖天」，將人體之向前方的打擊威力與衝擊力發揮至極限。也就是說，有收才能有放，而且鑽要鑽得進，躦要躦得猛，一進無有不進，以整體的打擊勁力制敵於頃刻之間。「躦」是心意拳技擊特點的一大體現，故躦要躦得有氣勢，躦要躦得威猛，以令敵方心驚膽顫而手無招架之功。

四、就

在這裏，「就」通常是指身法動作，是一種「防」與「收」的身形，與「束」是同一種意思，也就是說「就」有勁力，亦有「束」與「裹」之意。

敵身即來，我則就之，並「束」之以卸其力或「裹」之以化其勁。敵若擅長遠戰，我則貼身巧力擊之；敵方若攻勢甚猛，我方則巧力「牽之」與「化之」，以致敵失重落敗，然後再強力重擊敵之要害。總之，敵進我迎，敵疲我打，避實就虛，擊其劣勢。

五、夾

在心意拳中，「夾」即合，也就是應兩腿胯夾合如剪，用來護襠，同時也用來穩固重心平衡。若膝胯夾合則可使下肢蓄力，因力起於下肢，故下肢蓄力可增強上肢及全身整體的攻擊威力的發揮。

另外，還需做到穀道向上提夾，以利於丹田抱氣，並不致使勁氣外散。當然，也只有首先做到「夾」，也才能

更利於理解與運用接下來所講的「六合」，夾還可使己方能集中勁力向一個目標進行強力衝擊，以求獲得最大限度的殺傷威力。

六、合

在這裏，「六合」通常指「內三合」與「外三合」之結合。「內三合」即心與意合、意與氣合、氣與力合；「外三合」是指肩與胯合、肘與膝合、手與足合。只有做到內外合一，才能進一步做到精神飽滿，巍然如山，且心意一動，勁如炮轟。

「合」的另一個意思是還要與對方的力相合，例如當敵方猛力沖前時，我方則果斷迎上去以短而快（狠）的招法直接重擊其正面要害處，正所謂「勝敵須要先進身，踩定中門能勝人，周身束放，手隨身發，發步隨身至，雷聲搶上，拳腳火速如連珠炸炮，無物能逃」。或是引進落空，巧打狠擊，後發先至，氣響連聲，一動無有不動，予敵以迎頭痛擊。

具體實踐中，「合」有多種方式，而不僅僅限於「六合」，例如，還有心與眼合、身與步合、肝與筋合、手與眼合等等，並有拳譜曰：「心與眼合多一明，心與眉合多一神，心與耳合多一靈，心與鼻使多一力，心與舌多一精。」或曰「心與意合出真藝，心與氣合最能攻。」入道者寓一本通萬殊，雖有風吹草動，但一觸即應，並可一氣取勝。

七、齊

「齊」是指「內外如一，四梢齊動，五行俱發」。格鬥擊人，只有「手、眼、身法、步，精、神、氣、力、功」齊發，才可胸有成竹，穩操勝券，出手必整勁擊人，落足必牆倒屋塌，對手中招必飛出如掛畫。

總之是拳化一氣，全身是法，一動手足俱動，要進手足俱進；能在一思進，莫在一思存；起要橫，落要順，去意好似捲地風；眼前、手前、足前，而一齊向前，進而達到全身渾然一氣，周身無微不至，應用無處不有之境。

當然，也有些心意拳流派將「齊」看作是「疾」，亦即「快、狠、毒」，也就是與敵交手須做到「眼要疾，心要毒，手要狠」，或者說應做到「眼疾如雄鷹察兔，手狠如猛虎食羊，心毒如惡敵當前而咬斷其喉頸」，拳化神妙，周身是法，勝券在握。「齊」者，身體內在打擊潛力的集中發揮，亦是精神與肉體的一種統合。

八、正

即要求頭部及尾閭都要正，因為身正則氣伸，腰正則勢穩，項正則氣勢威嚴而精神百倍。

另外，你亦須做到戰術上的「看正似斜，看斜似正」，一定要認清對手的真假與虛實，如能隨勢快招擊敵而使其無法變化也謂之「正」者。具體從頭部而言，不可前俯與後仰，更不可左右歪斜，並且百會穴要向上頂，同

時天庭部要直向前頂，而頸項則直立豎起，此謂之為「頭正」；身軀要奇正相生，不能前俯後仰與左右傾斜，當然胯部還應下坐與腰部需下塌，此謂之為「身正」；手之出入應高不過眉，回落低不過陰，而且兩肘不離肋，兩手不離心，出洞入洞緊隨身，此謂之為「手正」；腿之進退要求應做到「按肩以練步」，也就是練腿之關鍵在於按肩，所謂的按肩也就是將肩井與曲池兩穴的勁氣下沉於足底之湧泉穴，以使全身勁整，同時還需做到「逼胯以堅膝」，如此可謂之為「腿正」。全身皆正，則關竅開，進而可順其氣，若習武者內氣充盈，則神態威嚴而威武不可侵。

九、脛

在這裏，「脛」有兩層意思，一是手摩內五行以鍛鍊心意六合拳內功，使心意相連以及精、氣、神運用合體。其次，是指「膝脛相摩」，也就是無論進與退都需要膝脛相摩以扣護下體，並由此保持身形間架不散。本門拳經亦曰：「摩脛摩勁，意氣響連聲。」練拳操把時內外均需相摩，例如在內上摩左右兩肺，在外上摩左右兩手，中摩左右兩肋，下摩兩腿之脛。因為「摩」可增加勁力，促使勁力的猛然爆發，就像炮彈出膛時與炮膛線相摩一般，使發出去的勁力更具有「穿透性」與「滲透力」。

十、驚

本門有拳訣曰「火機一發物必落」，以及「眼發神

光，手如迅雷，口之雷聲搶上，迅雷不及掩耳當最強」。講的就是發招時的快速、突然、兇狠，面對頑敵，只有快速將其制伏才能保證自己的安全。

　　拳術講究「拳打人不知」及「手快打手慢」，更要求「遇敵好似火燒身」，以予敵以突然性的重創打擊。當然也只有身心合一整體發力才可炸力突現，制敵於瞬間。

　　以上所述都離不開一個「驚」字。而要「驚」就須驚起血、肉、筋、牙四梢，也就是遇敵之時，應舌抵上齒，牙咬緊，髮若衝冠，突變己之常態，而殺氣沖天，令敵望而生畏，達成「不戰而屈人之兵」的效果。即使要戰，由於全身俱已驚（警）起，整個身心已做好了充分戰鬥準備，故可有把握予敵方以意想不到的突然的致命性重創。

十一、起　落

　　這主要指身之起落及手足上下之變化，有拳訣曰：「起為上，落為下；起要鑽，落要翻；起是去，落是打；起也是打，落還是打。」要求起如水波翻浪，落似水浪絕平。正因為起落如水之翻浪，所以才成其「起落」，「起」與「落」體現在心意拳攻與防的全過程中。

　　此外，心意門還有一個對起落更為形象的詮釋：「起如風，落如箭，打倒還嫌慢。」說明了起與落俱要快，並須與打擊動作進行良好的配合，當然起與落的速度也是瞬間擊倒對手的關鍵所在。

　　此外，起要有橫勁如蜇龍升天，落要有沖勁如霹靂炸地，翻要有抖勁而無堅不摧，鑽要有擰勁無堅不破。同時

要「起」時全身各處無一不起，「落」時周身各處無一不落，「翻」時全身從內到外無一不絕。

再者，本門還將向前與向上「起」之勁力比喻為「恨地無環」，也就是把勁意想像為「大地之環把已被我抓住，然後猛然發力要將大地向上扯起並欲拋向空中一般」，以鍛鍊突然長身而起的迅猛衝擊勁力，該勁力或勁意主要應用於「虎撲」與「挑領」等技擊動作。

關於落的勁意，則可意想為「恨天無把（環）」，也就是恨上天無把被你抓住，一旦抓住便可將之拽落地下，而主要練習向下的「落勁」，或是意想雙手抓住一粗壯的樹枝，然後突然發向下的墜勁而將之向下拉斷，同時須「以意領氣」與「以氣催聲」以助於全身整勁的完整發放。

十二、進　退

拳譜云：「退步乃高，進步乃低，不詣進退枉學藝。」當進則進，能退就退，把有效的距離感牢牢控制在自己的掌股之中，才能穩操勝券。而且「進低退高乃真傳，進退不快藝枉然」，你的拳頭雖有千斤重，但因進步緩慢或距敵太遠的話，還是沒有用的，因為一旦拳頭落空的話，不但會由此消耗體力，而且還會暴露空檔給對方。

另外，進為攻，退為守，當進不進則失機敵遁，當退不退也會被敵方所擊中。只有進退自如，才可使敵方無隙可乘。而且一旦言進，則從頭到足，從內到外，全身各部位都要齊進，以便運用全身整體的衝擊勁力去重創對手；

一旦言退，全身各部位均要一齊而回，以便使敵狠招落空。當然，在敵方重招落空之時也正是己方發起最有效的攻擊（反擊）之時。

總之，一進無不進，謂之真進；一退無不退，謂之真退。在這裏，退也是為了接下來可以更好的「進」，也就是說有進必有退，有退必有進，退是為了蓄氣與儲力，是為了能更好更強猛的發起進擊。

十三、陰　陽

天之陰陽相合能下雨，拳之陰陽相合能打人。明乎陰陽，練就一氣，洞悉攻守，察知強弱，方可勝敵。古代的陰陽學說，主要講的是對立統一之法則，其中前進為陽，後退為陰；內者為陰，外者為陽；開者為陽，合者為陰；呼者為陽，吸者為陰；攻者為陽，守者為陰。當然在陰或陽中也沒有絕對的「陰」或「陽」，它們是「陰中有陽」或「陽中有陰」，也就是說陰陽是共存的或相互依存的。

心意拳技擊之體用，自然也不能脫離此種陰陽之對立與統一的關係，例如動為陽，靜為陰；起為陽，落為陰。在對抗搏擊中應當陽則陽，當陰則陰，並且需陽不離陰，陰不離陽，正所謂「孤陰不生，孤陽不長」，亦即捨陰而求陽，則必孤陽不長；捨陽而求陰，則孤陰不生；同時陽極必生陰，陰極也必生陽，它們總是如此循環不已的運動與變化著的。如果失去了陰陽之互易變化，也就失去了武術之真義。

因為如果過陰則傷陽，過陽則傷陰，非得陰陽相得益

彰併合二為一不可。只有陰陽合一才符合自然界的進化與生長規律，才符合真實格鬥的現實情況，或者說這是由養生或搏鬥所具體決定了的。

十四、五　行

古代的陰陽與五行學說，是心意拳產生與創立的理論依據之一。它講求五行需配合，五行者是指「金、木、水、火、土」，進而又將人體內的「肺、肝、腎、心、脾」引申為「內五行」，並將人體外在的「鼻、眼、耳、舌、口」引申為「外五行」。

具體運用時，它首先要求金木水火土這五行要互相配合，進而要求與另外的「內五行」及「外五行」進行良好的配合。因為若沒有「生」，就沒有萬物的生成和生長；若沒有「剋」，就無法維持萬物之間的正常的變化與發展。「五行學說」是自然界生存與進化的基本規律，誰都無法違背。具體反映到心意拳上，則要求內五行（五臟）要動，則外五行要隨，動而即遂成其五行。

十五、動　靜

動靜指事物將發未發之間的關係，有拳諺曰：「若言其靜，未露其機；若言其動，未露其跡；動靜乃在正發而未發之間，謂之為動靜。」在整個心意拳當中，無論是腰身還是四肢皆在一動一靜中互相交換與變換，並不因敵而變，正所謂「靜如處女，動如猛虎」，當動者必勝券在

握，出招必制人；當靜者應沉靜虛無而守洞安然。拳經曰
「一動無有不動，一靜無有不靜」，謂之動靜。靜是為了
接下來的動作準備的，它是一種蓄力過程；只有動靜結合
才能真正體現心意拳的技擊特點所在。

技擊沒有一直的動，也沒有一直的靜，「動靜合一」
才能真正體現武術的攻防轉換規律與特性。

十六、虛　實

虛者精也，實者靈也，精靈皆有方成虛實。對搏之
時，敵虛我實，敵實我虛，甚或「敵實我也實」而手快打
手慢。誘敵為虛，擊敵為實；防為虛，打為實；起為虛，
落為實；退為虛，進為實；只有真假虛實合而為一，方可
聲東擊西而使敵無法捉摸。

當然，虛與實的轉換還要快，以便處處制敵機先，正
所謂「千變為化，萬變為神，萬萬為精靈」，都講究靈活
機變而非死板與僵化，使根本對立之虛實兩面獲得高度有
機之統一。

在實戰中運用時，本來是發一記虛招誘敵，但因對方
反應慢而尚未反應過來時，那麼，這記虛招就可果斷變為
「實招」去出其不意的狠擊對手，因此，如能真正掌握好
動靜之妙，則已達本門之上乘境界。

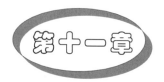

心意拳的步法訓練

雖然現在的一些心意拳著述並未詳細講解步法的練習，然事實上心意拳是很注重步法的訓練的，正所謂「先看一步走，再看一伸手」，沒有好的步法去創造有效的距離，你的重拳或狠腿未必能夠準確地擊中對手。

本門拳訣亦曰：「意貫周身，運動在步，步不進則勁意無以施展。」正因為步法在實戰中起著極為重要而不可替代的作用，所以，有些保守的拳師便不會將步法輕易教給人，這正如拳諺曰：「教拳不教步，教步打師傅。」在心意拳中，不論是攻守還是起落，大多數動作都是在運動中完成的，因此需要有靈活、及時、有效的步法去正確調整與對手的距離，這樣重拳重招才有物可擊。

心意拳的常用步法主要有寸步、墊步、跟步、踐步、後退步和三角步等，現分別詳解如下：

一、寸　步

這種步法主要用於近戰中，例如在距離對方約有一至二尺時，便可突然進前腳直線前踩來貼近或攻擊對手，當

| 圖7 | 圖8 |

然有時也可以根據實際情況而多踩進一、二寸或三至五寸，因為是實際需要決定了你的進步過程與距離（圖7、圖8），如果對方距你略遠一點或是在你進步的同時他略向後退了一點點時，你就需要上步大一點了，這叫死學活用。

　　進步時保持原防護姿勢不變，而且寸步雖然簡單，但卻需要經過反覆練習才能掌握到並進一步運用自如。

　　注意：本步法主要用來配合短促有力的打擊動作去突然重擊對手，故上步時的突發性及快速度是極為重要的。

二、墊　步

　　這是一種中距離攻擊性步法，前進距離約為二至三尺，練習時可先迅速提起後足向前進步於前腳跟之後（圖9、圖10），然後再疾速將前腳前移並順勢踩下（圖11），而恢復移動前的姿勢。這一快速而突然的步法動

圖 9　　　　　　　圖 10

圖 11

作，多用於出其不意的向對手發起連環攻擊。

　　注意： 前沖時不但要用上肢進行良好防護，同時下肢亦須做到重心穩固。這是一種先上後腳然後再上前腳的快速前衝動作。

圖 12
圖 13

三、跟　步

圖 14

這同樣是一種中距離攻擊性步法，練習時可先迅速向前方進前腳（圖 12、圖 13），待前腳踏穩的瞬間，應疾速將後腳前移而保持進步前的原距離並恢復原姿勢（圖 14）。也就是說，進步前兩腳間的距離與進步後兩腳的距離應基本相同。

在實戰中，有經驗的心意拳師會在迅速進前腳的同時突然攻出前手（擊面）去吸引對手的注意力（圖 15、圖 16），並在迅速向前踏穩後腳的同時突然發右橫拳（立拳，拳眼向上）去重擊敵方心窩這一致命空檔處（圖 17），一招制敵（圖 18），而且可同時發雷聲去迅速重創

心意六合拳發力與技擊

圖 15

圖 17 　　　　　　圖 18

對手。這是一種「指上打下」的經典攻擊性戰術。

四、踐 步

這是一種遠距離的攻擊性步法，也是一種高效追擊性步法。當然也是一種難度較高的快速移動技巧。練習時，先將左腳快速前移並踏穩（圖19、圖20），接下來再疾將右（後）足向前，過前（左）足而落於左腳前方（圖21），然後，再向前方迅速上左步於右腳前方（圖22），成右弓箭步或恢復原來的格鬥準備姿勢。

注意：連環進步須快而穩，進時應果斷，須應有馬奔虎踐之意與迅猛氣勢，因該步法快如閃電，所以又叫「箭步」。步法之純熟者，身體前沖的慣性力極大，在這種慣性衝擊力的引導下所發出的拳法，必會給對手造成致命性創擊，而且中招者無不倒飛出去。

圖19

圖20

圖 21　　　　　　　　　圖 22

五、後退步

　　這是心意拳中的一種防禦性步法，在實戰中如敵方沖勢太猛時，己方可用此步法來有效避過敵鋒芒。練習時，先將前腳迅速回撤，但回撤的距離通常不能超過後腳的位置（圖 23、圖 24）；接下來再疾速後撤後面的腳（圖 25），而將整個身形回復到移動前的姿勢。此時，步法後撤後應隨時保持再次往前沖的勢頭，以便待敵方「舊力略過，新力未生」之際，我方再疾將前腳向前踏出去適時攻擊對手。

圖 23

圖 24　　　　　　　　　圖 25

　　另外，還有一種向後退步的步法叫「全退」，也就是
將前腳完全撤回到後腳後面進行防禦的方法，這種步法雖
然安全一些，但是卻不利於反擊對手，因此，目前已不常
用。

六、三角步

　　這是一種攻防兼備的步法，並以走「旁門」（或稱為
「邊門」）為主。即當對方正面攻來時，我方則速向其後
方上步並同時進行反擊。我方具體的行進路線應是一個
「之」字形。記住，上步時一定要快而突然，並須不失時
機地去反擊對手。

心意拳腿法訓練

在中國武術中雖然有「手打三分,腳踢七分」之說,但實際上這個「腳踢七分」中步法占了很大的比重,當然確確實實腿法是心意拳中的一種極為犀利的殺傷性武器。

只是本門先輩歷來較為保守,不願輕易將絕學教給他人。心意拳雖是內家拳,但卻極為重視腿法的訓練與運用,就像太極拳與八卦掌這兩種內家拳術一樣,它們在創立之初原本也極為重視腿技與實際搏擊的運用,只是近些年來它們逐漸退化為健身拳術而嚴重忽略了其原始技擊本能而已。

心意拳與它們之間的區別就是原原本本保持了其自身原始的技擊風貌,正因為如此,才使其兇狠的腿擊技巧自然得以流傳下來。

從另一個方面來講,在心意門的歷史上,由於很多先師是在中年之後才開始學習心意拳,所以已無法練好腿功而只能專攻拳法了。

心意拳腿法的特點是「明拳暗腿」,「手腳併用」(圖 26)及「抬腿不過臍」。

所謂「明拳暗腿」,就是先用拳法之「硬打硬要」或

圖26　　　　　　　　圖27

「驚詐假攻」來吸引對手的注意力，或是由此攪亂對手的視線，並迫使對手將注意力集中於下盤，這時我方可突然出腿以攻其不備，這是兵法中的「聲東擊西」的戰術。

所謂「手腳併用」，雖然手法綿密而不易露出破綻來，但單靠手法畢竟是片面的戰法而容易被對方防禦，只有手足併用而「立體進擊」才能使對手「防上而顧不了下，防下而顧不了上，」而手腳忙亂。如果只用拳法攻擊，那麼對手只盯住你上盤就可以了；一旦加上腿法，就勢必分散了他的精神與視線（圖27）。

所謂「抬腿不過臍」，是指使用腿法時腳的高度不能超過肚臍，以免踢擊落空後失去重心平衡，此謂「抬腿半邊空」。再者，踢得太高時力量也難以充分發揮出來，並且因為走的路線太長而容易被對手防禦與反擊。

當然，如果訓練得法及及時機得當的話，腿法還是能起到一錘定音的作用與效果的。

一、寸　腿

　　「寸」者寸勁，也可稱之為「寸間」之距離，總之，它是一種較近距離內的極為突然的腿法技巧，打擊的目標是以對手的脛骨正面為主的，由於它的打擊目標較低，所以又被稱為「刮地風」。發力的部位是自己的前足掌，當然己方的前後腳都可以發起此種快速、短促而兇猛的近距離踢法。

　　踢擊時通常是手足併用，也就是先用上肢擋開對方攻來的拳法重擊（圖 28、圖 29、圖30），並進一步在右腳向前落穩的同時疾發拳法去狠擊對手上盤空檔

圖 28

圖 29

圖 30

處（圖31），在敵方意料之處得手並將其擊倒在地。在（圖30）中己方是先用左手擋開對手的重拳打擊，下面同時出腳狠踢其前腿之正面的脛骨要害處，以雙管齊下之「指下打上」術攻敵措手不及。當然，接下來的右拳打擊亦須連貫有力，以便制敵於瞬間。

圖31

要　求：

踢擊時支撐腿一定要站穩，並要求須如「釘」般紮入地中，因為「根不亂，勁不散」，如果後腳發勁不足而前足不紮穩，則右腿將會因「無根」而「漂浮」。記住，發腿一定要突然、直接，以便攻敵以出其不意。落腳時一定要順勢向下踩住敵腳，以進一步控制住敵重心並防止其起腳。

二、蹬　腿

這是心意拳中相當兇狠的一種腿法，主要用來蹬擊敵方小腹與襠部等致命要害處，所以，是格鬥中的一種足可「一招制敵」的技術。實戰中多用腳跟來發力，也就是用足跟向前領勁，蹬擊時上體須保持正直，以使重心穩固與腳力順暢發出。

圖32

圖33

在實戰中，蹬擊這種快速直接的腿法主要在對手以拳法向前攻來時，我方看準機會先用左手向外擋開敵拳頭（圖32、圖33），同時速發右正蹬腿去向前狠踢對方的身體正面之腹（襠）部要害處（圖34），制敵於瞬間。

圖34

要 求：

無論是用右腳踢擊還是用左腳進行踢擊，都須做到「手腳合一」，最起碼下肢進行踢擊的同時，上肢應進行良好的防護。或是用手去順勢牽化對手，或是在腿法的引導下，以重拳連擊對手。

另外，支撐腿一定要穩，並要注意三尖對齊（鼻尖、膝尖、腳尖），防止重心後仰或前傾，以免影響整體打擊勁力的發揮。

三、側踹腿

　　側踹腿亦是心意門中的一記殺招，主要用來準確踹擊對方的小腹、大腿正面及膝關節等要害處與薄弱環節處。當然如能踢中對手的膝關節，可馬上令敵方因膝部骨折而傷殘（圖35），最低限度也會讓對手瞬即倒地不起。

　　本腿法可能對於前面兩種腿法來說略慢一點，但只要把握住時機及勤加苦練，也一定會成為你的一件犀利攻擊武器（側踹腿現已成為國內「散打王」比賽中的必殺技之一）。

　　施招時，可先用上肢擋開對方的來拳或閃避其來拳（圖36、圖37），然後充分利用後腳蹬地的反作用力而迅速向體前提

圖35

圖36

圖37

右膝並沿直線果斷攻出右側蹁腿（圖 38），目標是對手的胸腹（包括下腹）等致命空檔處。

要求：

踢擊時出腿要儘量簡捷、直接、果斷，絕對不可拖泥帶水，而且可以發雷聲以助力以及需用右手

圖 38

來護襠；同時還需要做到狠踢快收，以防被敵方抱腿，及速將腿收回後站穩，再以手法去連續重擊對手。另外，側蹁時應向前展胯或送胯以延長自身的攻擊距離與打擊範圍。

四、勾 腿

這種腿法是一種典型的「暗腿」，也就是使對手不易留意而可以出其不意擊倒或巧妙制伏對手的腿法技術。而且它雖不能直接給對手造成傷害，卻常可為上肢攻擊創造有利的條件，或「手與足合」去「發」敵於丈外。

實戰中，己方多在避開對手攻勢後迅速運用前面的足腕骨或足面內側來封住敵方的前腳（圖39、圖40），用以控制住對手的重心平衡及限制

圖 39

圖40　　　　　　　　　　圖41

其進退速度；然後，突然
發出雙掌而以正面之兇猛
的「雙擊掌」去狠擊對方
的胸部致命空檔處（圖
41），致使敵方因來不及
退步而猛然向後方跌飛出
去（圖42），這叫「欺
根拔節，過步奪人」。

圖42

要　求：

己方下面用勾腿攻擊
對手的同時，上面的打擊動作需及時、準確、有力，以便
制敵於瞬間。在完成「勾腿」的動作時，己方通常是呈弓
箭步，而後足跟應「耙」緊地面（如果足跟離地，叫「拔
根」），以使重心穩固及利於將全身的整勁（撲）盡數發
放而作用於對手身上。

圖 43   圖 44

五、頂膝法

　　這種腿法同上面的「勾腿」一樣同屬於暗腿之列，也可將之視為「勾腿」的一種變化運用，通常情況下也是用一隻腳的內側來勾（封）住敵方的前腳之腳後跟（圖43），然後迅速以己方之脛骨正面向前猛力頂壓敵方的脛骨（圖44），致敵因失去重心平衡而於瞬間倒地。

　　保證百試百驗，誠可謂動作小而作用大，常可於對方意料之外得手。

　　要　求：

　　這種暗腿的原理是先用腳封住敵腳以使敵方「根節浮動」，然後己方再以膝突然向前發力，如此必致敵方因「根節飄起」而失重跌倒或飛出。當然，此時上肢也應配合有適時的打擊動作去有效地狠擊對手，以加快對手向後方倒地的速度。

第十三章

心意拳「操椿」訓練

　　現在已有很多支流不重視操椿靶的訓練了，可能他們認為「椿」是死物，而無法由此練出「真打」的感覺與意識來，但殊不知「操椿」是由訓練向實戰過渡的一個必經過程，或者說是一個必不可少的階段。

　　有些外行人或初學者也可能會認為這些樹或椿之「靶」太硬，而無法將勁力全部使出與發揮出來，久之會產生「點到即止」的壞習慣，其實方法是人想出來的，你可以先在樹或椿上縛上軟物去進行適應性擊打練習，這樣不會傷及手腳，而隨著練功時間的增長可逐漸減薄縛在樹椿上的軟物，到最後必然可以用全力擊打樹椿之靶而全然不覺痛，因為你的肢體已經漸漸適應了樹或椿的硬度。

　　只有達到面對堅硬之靶而能全力重擊並渾然不覺痛之時，方可具備擊敗高手的條件（這時你的自信心、殺氣與實力均已大增）。如無椿靶時，也可以用沙袋替代。

　　心意拳舉手不讓人，抬腳不留情。與同伴對練時很容易誤傷對手，但如果不進行兩人對打的模擬訓練，又無法練出真打的意識與感覺來。所以說以真實搏擊的心態去進行擊打實物的訓練是很有必要的。

此外，徒手練動作（亦即「空練」）也很難把人體最大的攻擊潛力挖掘出來，而必須借助相關的實物去進行引導與激發，因為有實物擊打時，由於你的拳或肘已遇到了阻力抵抗，所以，如想把此阻力破除，就必須充分發揮與運用來自「腰馬」或全身整體的力量去全力重擊或狠擊，從而一步步把人體內在的打擊潛力表達或發揮出來，此種開發人體潛在能量的效果是「空練」所無法達到的。

　　透過擊打實物的訓練還可磨練你的拳腳之硬度，以便在擊中對手時避免自己的關節受傷，同時也可最大限度地增強自己的拳腳之破壞力。

　　擊靶時一定要循序漸進，量力而行，而且首先要求重心要穩固，發力擊打時應周身鼓蕩，猛然發力，意念應瞬間「穿透」樁靶或沙袋。每打出一個動作時，都應仔細體會自己的發力、姿勢、效果以及內在的要求、意念，以便由這些實物來糾正與鞏固以前所學過的徒手動作。

　　記住，擊靶時應精神飽滿及動作正規，要求應「每擊一下，便須有一下的效果」，也就是注重的品質而非數量。

一、頭　打

　　心意拳是注重自由發揮的一種實戰型古樸拳法，它所面對的是赤裸裸的格鬥，或者說是面對的是最原始兇狠的格鬥。談到格鬥，很多有街頭打鬥經驗的人都會適時以「頭撞之術」去突然重創並由此擊敗對手，正因為如此，才有了各門各派的「鐵頭功」，只要運用的突然、及時、

圖 45

圖 46

巧妙、準確，頭擊一定可以一招制敵或一錘定音。因為任何人的面門或心窩都無法承受住堅硬的頭骨的猛然撞擊（圖 45）。

圖 47

在心意拳中「頭擊」主要用來攻擊對手的胸膛，正所謂「頭打去意在胸膛」。練習時，通常以輕步站開始，己方先上前腳並迅速踏穩地面，然後迅速用雙手向前抓抱樹樁（圖 46），並順勢用力下捋，就好像要按住敵方雙臂並順勢捋下一般，同時疾將頭向前撞叩樹樁（圖 47）。

要　點：

頭撞樁靶之力度應循序漸進，可先在樁靶上縛上軟物進行適應性練習；而且要講求「意擊」，並「意在敵

先」，要把樁靶當做敵人的胸膛般去撞擊。兩手抓、抱、挒之時，應垂肘以護肋，兩腳要踏穩，以弓箭步助力去快速擊打目標。

二、肩　打

在格鬥中很多人都嚴重忽視了肩部的技擊作用，他們完全沒有意識到「肩打」可更好的貫徹與運用來自「腰馬」的勁力。但心意拳前輩卻早已看到了這一點，並由此發明了「熊膀」這一獨特的技擊形式與風格，且以此作為重要的攻擊武器以便擊敵以措手不及。

有拳訣曰：「肩打一陰返一陽，兩手隻在洞中藏；左右全憑蓋勢取，束展二字一命亡。」形象地說明了肩打在實戰中的功用與特點。

「肩打」主要有「前肩打」與「後肩打」兩種：

第一，「前肩打」：由輕步站開始，先將左腳向前上步並迅速踏穩，然後在向左側轉體的同時將右肩果斷的撞（打）向樁靶（圖48），此時左手應上托護頭，右臂要貼緊身體來保護肋部（這叫「束」），腳下則成弓箭步以助上肢發力。動作應體會轉體扭腰之螺旋勁的發揮與運用。「前肩打」的另一種

圖48

圖 49

圖 50

圖 51

圖 52

方式是直接以前肩向前果斷打出（圖49），此招法由於距敵較近，所以敵方通常較難防範。

第二，「後肩打」：己方由輕步站開始（圖50），先將後（右）腳迅速向前上步於樹樁後面並踏穩（圖51）；然後再充分借助向右轉體及身體前衝之力而將右肩迅速撞向目標（圖52）。此時下肢成右弓箭步，而且左手應上托

護頭，右臂貼緊身體用來保護身體與襠部。這時如果是用來擊人，則肯定會讓對手橫飛出去，因為己方是先用右腳封住敵方的重心，然後再以上體強勁的衝撞力去向前方狠撞，故中招者無不橫飛或倒翻出去。並且一定要以全身之整體勁力去撞打樁靶，並把樁靶當作你真正的「敵人」般去打擊，以培養訓練的真實感與實戰意識。

三、肘　打

拳諺曰「肘打四方人難防」和「肘利如刀」，都說明了肘法在實戰技擊的功用與巨大殺傷威力。

由於肘骨先天就十分堅硬，如能再用樁靶進行苦修，完全有可能成為你最兇狠的高度破壞性武器。因此，如能擊中對手的要害部位，當可收到立竿見影之功效（也正因為肘部堅硬無比，所以國內現行的「散打王」比賽中只有肘部不可以運用）。

在實戰中，肘法主要向前去突然打擊對手的心窩或下巴等致命要害處，故又有「肘打去意占胸膛，起手好比虎撲羊」之說。

肘擊樁靶之法有多種，例如肘前擊、肘後擊、定步擊、進步擊、上挑肘、橫擊肘與下砸肘等。現將其中最常用的「定步肘擊」與「進步肘擊」兩種打法詳解如下：

第一，「定步肘擊」：是指由原地直接揮肘進行打擊的方法，不過有時候也可以在前腳略上步並踏穩後，再猛然向前揮右肘去迅速擊打樁靶的「中心線位置」（圖53），打完後應迅即將肘收回並恢復攻擊前的準備姿勢。

圖 53　　　　　　　　　圖 54

　　第二，「進步肘擊」：是指先進「踐步」以佔據合適的位置與理想的打擊角度，然後再迅速揮肘向前方的目標處進行狠擊（圖 54）。當然，無論是「定步肘擊」還是「進步肘擊」，都應由弓箭步去穩固的發力，而且另一手須同時護頭或用來護襠（肘則用來護肋）。尤其是「進步肘擊」，應充分借用身體前沖之強大的慣性去重創對手，它的勁意是虎撲勁，此招式亦可稱之為「虎抱頭」。

　　在實戰中，肘可直接打出，也可以在手法的掩護下或是在步法的引導下去巧妙的打擊對手。由於肘部可以更好地貫充腰力去狠擊對手，所以肘部的破壞力是相當大的。並由於肘部乃「中節」，也就是為「藏勁之所」，因此它具有攻擊突然而短促的特點，並可使勁力完整地打出，因為當我們把由肩部運送過來的勁力通過肘部再送達於手上時，勢必會消失一部分力道，而由肘關節直接發力則可以避免這種勁力的不必要的消失與丟失。

四、手　打

毫無疑問，手是最靈活而且速度最快的攻擊武器，同時還是使用頻率最高的高度殺傷性武器之一。因此應勤加磨練，使之變得更加銳利與威猛。

本門很多前輩均每日以手操（擊）靶上千次，以便練就無堅不摧之兇猛攻擊力，例如楊響林老前輩便每日以掌擊樹，而使樹身搖晃欲折，並使樹葉瑟瑟而落，由此練就一對鐵掌，楊老先輩平生亦以這對鐵掌稱雄與自負。

手打之法也有多種，例如單手擊、雙手擊、定步擊、進步擊、虎步擊、雞步擊等等，此外，還有拳法之直打與背打等等。現將其中最常用的「上步（虎步）擊」與「橫捶」講解如下：

1. 上步掌擊

由輕步站開始，左腳先向前方上步並迅速踏穩，然後右腳再向前上步於椿腳處，並在腳向下踏穩的瞬間，將雙掌瞬即向前主果斷擊出（圖55），目標約與胸部同高，同時兩肘應略下垂以護肋，並要有「夾」、「合」之勁。此運用「踐步」之「虎撲把」，為心意門代表性動作之一，故須勤加練習以便成為得意技法。

在這一招法中整勁、精神、氣勢最為重要，虎之「撲戰之勇」就充分體現在這裏。

關於「上步掌擊」，尚有一種以單手進行閃電般打擊的方法（圖56），同樣用來重創對手的心窩與面門等致命

| 圖 55 | 圖 56 |

要害處，但另一手須同時進行良好的防護，以便做到「攻防合一」或「攻防同步」。

2.「橫捶」打法

「橫捶」是心意門中的一種極為重要的拳法重擊技巧，也可以稱得上是本門中的絕招之一。相傳本門一位馬姓前輩曾用此狠招擊敗數十名對戰的高手。練習時，由輕步站開始，先將前腳速向前主踩落於樁腳處，並在左腳踩實的瞬間將右拳閃電般向前直線攻出（圖 57），目標是樁靶的「中心線」位置，高度約與胸齊，也可以打向襠部（亦即「指襠捶」）。此時是弓箭步穩固

圖 57

發力,而且也可以由「踐步」打出這一重捶,習者可根據情況自修。

在實戰技擊中,橫拳的速度相當快,這一是因為眾人知道這是一記狠招而勤加苦練;二是因為這是一種直線型攻擊動作,故符合「兩點之間直線最短」的原理,所以對手通常情況下極難防範。

在格鬥中,手部不僅可以用拳法與掌根來向前直打,更可變化成指去插眼或變成爪去鎖喉。而且無論是擒拿、頭打、膝頂全都離不開手法的有效配合(例如格擋、牽化、封閉等等),所以說,手法在心意拳技擊中的地位是極為重要而不可取代的。

五、胯 打

心意拳既然為典範型的近戰(短打性)拳法,那麼對各種近身格鬥的技術及技巧自然是無所不用其極,其中「胯打」又是其中的珍品,在這裏,胯的活動範圍雖然有一定的限度,但是由於它能充分貫充身體的衝擊勢能於對手身上,故一旦撞中對手的腹或襠等致命要害處,當會令對手立即癱倒不起。當然,也只有經過不懈的反覆訓練,才能使動作快如閃電以及使胯部堅硬而沉雄有

圖 58

力，進而達到「渾身齊到無阻擋」之境。

練習時，由輕步站開始，左腳先略上一小步，然後再疾上右腳於樁腳處，同時發力以右胯猛力撞擠樹幹（圖58），此動作又叫「熊靠山」，以迅猛的爆發力去準確的狠擊目標。並且己方左掌應同時去擠推樹幹以便干擾對手，右掌則挑打樹木（右肘有下墜之意）以加大下面之胯上的撞打力度。而且胯及兩掌應同時擊向目標，以便讓對手上、中、下三盤同時受擊而橫飛出去，撞打時還應呼氣以助力。

六、臀　打

很多人都忽略了臀部的技擊威力的發揮，其實臀部在貼身近戰中的威力是極大的，尤其是在對付由後面纏抱之敵時更是堪稱一絕，並由於臀部更能貫徹身體的整體勁力，所以一旦命中對手，可導致其膀胱及尿道破裂，因為它主要用來撞打對手較為脆弱的襠部與下腹等致命要害處。有拳訣曰「臀尾打落不見形，猛虎坐窩藏洞中；背尾全憑精靈氣，攻勢擊人躲不及。」雖然臀部擊人的使用機會不多，但正因為它不常使用，所以對手便對其不瞭解，這樣當你突然發出也必定會攻敵措手不及，而予敵以致命性重創。

練習時，以背對樹樁而以輕步站站立，隨後迅速向後方撤左腳，接下來再疾往後撤右腳，並在右腳踏穩的瞬間以右臀猛撞樹幹（圖59），撞擊時可呼氣以助發力。此動作應左右兼練，而且兩腳都須踩牢及夾股而使穀道上提以

圖 59　　　　　　　　　　圖 60

提高自身的抗衝擊能力。同時右肘亦可配合右臀而向後方
猛撞，用以加大對手中招時的受創擊力度，此招式又叫
「虎蹲山」。

七、足　打

　　心意拳給人的印象是較少用腿而長於手法，手法猛然
而多變固然是心意拳的一大特點，但事實上心意拳並非不
用腿法，而是不濫用腿技，或者是老師不輕易教人腿法
（留作看家之用）而已，他們也可能是怕學生學會兇狠腿
技後誤傷人。

　　正因為腿法在技擊中的破壞力極大，所以，在這裏我
們才以樹作「靶」來進行訓練。而且只要你每天都能堅持
進行必要的練習的話，保證你一年就可練就「鐵腿功」，
到時候「腿到人翻」便非夢想。

　　心意拳的腿法以前踢為主，踢擊時也以正蹬腿與寸腿

圖 61　　　　　　　　　　圖 62

為主，如果是以運用頻率最高及速度最快的「寸腿」擊
人，則多用前腳掌發力去快速踢擊敵方位於下盤的相對較
難防護的目標。有拳訣曰：「蓄意須防被敵覺，去勢好似
刮地風。」這裏的「刮地風」多指短促、兇狠、突然的寸
腿技法。

　　練習時，由輕步站開始，先上前腳並踩穩，然後突然
向前發右足攻出，也就是以前腳掌去快速踢擊樹靶之下部
（圖 60），可兩腳輪流進行踢擊練習。在這裏，力的發
放是由胯到膝，再由膝到腳順勢發出的，而且可以發聲以助
力。同時，右手亦可以配合進行向前攻擊。

　　除此之外，還可進行正蹬腿的快速踢擊練習（圖
61），（圖 62）為距離較近時的以腳後跟來狠踢時的示
範。當然，以椿靶來磨練側踹腿也一定是必不可少的（圖
63），這是兇狠有力的低位側踹腿示範；（圖 64）為強勁
有力的高側踹示範，雖說初學者不容易達到此種境界，但
由不懈練習後卻完全可以做到。

圖 63　　　　　　　　　圖 64

　　有些人也可能說心意拳是內家拳而不需踢這麼高的腿，其實腿踢的高與低是與練習者個人的基本功有關的，也就是說只要你的腿部柔韌好，則踢擊此等高位一點問題也沒有；再說同為內家拳的太極拳與八卦掌裏也同樣有高位踢法，只是拳術已往的顯著的實戰功能已隨著社會的和平與發展而逐漸退化了，在這裏，高位腿法的真正技擊功用也同樣被忽視和淡化。

　　或者說，並不是高腿無力，而是我們沒有認真去挖掘其原有的高度殺傷力而已（當然也不排除有些人自己不擅用腿，便說高腿無效者）。

第十四章

心意拳「活步擊（操）靶」訓練

　　現在很多開明的心意拳師已開始對傳統的技術與訓練方法進行改革，當然他們也有一個前提就是在保持心意門原旨的基礎上進行革新或提升。

　　像本章所介紹的對準活動靶進行擊打的新訓練方法，便是為了使心意拳更加適合時代發展的需要而新增加的內容，而且該內容目前已在國內外得到廣泛運用，因為它提倡擊打活動中的目標，原因是實戰中的對手也是「活」的，它絕對不可能像木做的樁靶一樣「栽」在那裏任你擊打；再者現在的心意拳練習者所面對的已不完全是以前的那些動作幅度較大及動作較慢的練習傳統武術的對手了，而所面對的更多的可能是練習一些現代的新技擊項目的對手，例如拳擊、散打、泰國拳練習者，它們的反應與速度通常要快過傳統武術練習者很多，所以，心意拳如果不與時俱進，將會逐步削弱自己的優勢。

　　當然，吸引一些新鮮血液後並不會影響與改變自己的「傳統」，相反只能會更加鞏固自己的傳統。尤其是海外的一些心意拳練習者在採取了這種擊打活靶的訓練後，均

取得了明顯的效果，而大大提高了練習者的反應、速度與快速運動中的發力能力，這對傳統訓練中的關於「僵化」方面的不足也是一個極大的改進與彌補。

限於篇幅，本章僅介紹三種「活步擊靶」的訓練方法——「橫捶」技打、「開碑掌」技打、「雙把」技打，讀者可以舉一反三創造出更多的也更加適合自己身體特點的打法來進行練習。

一、「橫捶」擊打

我以輕步站對準同伴（圖65），速上前腳並踏穩，同時在呼氣發力的同時閃電般的攻出右橫捶，目標是同伴胸前抱緊的厚靶（圖66），此時發出的強猛的衝

圖65

圖66

圖67

擊力也可能會把同伴擊退幾步（圖 67）。

要　求：

「橫捶」是心意拳的代表動作之一，也是絕招之一，因此在這裏專門抽出來進行強化訓練。具體練習時要求拳上的擊打動作必須與左腳上步的動作配合好，也就是「拳借步勢」去果斷重擊對手，同時突發的雷聲也可從精神上去「殺傷」對手。記住，必須將全身整體的所有勁力全部由右拳發放出去，由於此時力點較為集中且己方的速度極快，故打擊力將會毫不遜色而徹底「慣透」目標。

二、「開碑掌」擊打

這又是本門拳法中的一記狠招，主要由正面來重創對手的下巴與心窩等致命要害。本來經由上一章中的對樹椿的擊打訓練，你的掌功已初具火候與殺傷力，在這裏則是進一步將你的殺傷力進行提升與學會重力擊打運動中的目標。「開碑」者，需集中全身的勁力去全力重創目標，使掌之所到「磚石俱焚，骨節如糜」。

練習時，仍由輕步站開始（圖 68），在前腳略向前踏步以創造最佳打擊距離的同時，果斷將右（左）掌徑直攻出（圖 69），目標是同伴胸前的厚靶（圖 70），由於你已集中了全身所有的勁、氣、力去快速（全力）重擊，所以強烈的衝擊勢頭可能會把對方擊倒或擊退數步（圖 71）。

要　求：

必須左右兼練此狠招，以全面發展自己。並可發聲以助力，還需從精神上意念自己可以「洞穿」目標或「擊穿

圖68

圖69

圖70

圖71

（炸開）面前的厚牆壁」，以此來無限強化與提升自己的
打擊威力與氣勢。

三、「雙把」擊打

「雙把」亦是心意拳中的狠招之一，它不但可以震傷
對手內臟，並可發力將敵方打得橫飛出去。

圖 72　　　　　　　　　　圖 73

圖 74　　　　　　　　　　圖 75

　　練習時，仍由輕步站開始（圖 72），己方在前腳略向前踏步並踩穩後，再速向前上右步並踏穩，以創造最佳打擊距離，同時準備攻出凌厲的雙掌（圖 73）；在呼氣發力的同時將雙掌重重擊中同伴胸前的靶（圖 74、圖 75），在穩固的弓步基礎上，將自己的整體的打擊潛力發揮至極限。

要　求：

進步與掌擊須協調連貫，並可發雷聲以強化雙掌上的打擊威力。重擊時須塌腰豎頸以使勁力順暢發出，打完後應快速收回以備再次擊打。

以上三個動作全部為心意門中的既簡單又實用，並且較容易掌握的狠招，你可細心揣摩與反覆練習，當可體會到經過改革後的心意拳原來亦可參與擂臺搏擊並能夠取勝，而不僅僅限於街頭格鬥。

第十五章

心意拳「七星」打法述真

在心意拳中，「七星」指頭、肩、肘、手、胯、膝、足，而此等部位又分為左右，所以又可以稱之為「七星十四處」打法。心意拳的厲害之處，除了勁力雄猛之外，就是「全身皆是武器」，因而四肢八體都可用來巧妙擊人，也可以說是「周身是功，遍體是拳」。並且在對搏時「一枝動百枝搖」，一動無有不動，從而神出鬼沒，上中下三盤皆出，令敵方防不勝防而最終中狠招落敗。

「七星」純熟後可隨招而動，遇勢而變，就勢而發，如狂風掃落葉一般，無物能擋，無人能逃。其技巧之處在於「靈活多變，進退得法」，也就是進步速如矢，退步縮如弓，取敵捲地風，手在懷中變，步在後足蹬，不求花招，只講實用。天地之氣凝，迅雷閃電噴，有手則無手，制敵如取偶。發勁用神功，出勢發聲吼，變化似蛟龍。練到高深處，無形、無法，又處處是法，制敵全在無形之間（見形不無能）。

「七星」是操靶（樁）訓練的一種實戰發揮，又是「六藝」的一種鞏固，所以，雖然在此處練得是「拳打腳踢」及「肘頂膝撞」的自由搏擊技巧，但基本的動作間架

與規矩不能去，此等基本的間架是勁力得以充分發放的基礎與保證。實戰中運用「七星」打法，還需要做到六合兼備，以使勁整身實。

一、頭 打

> 「頭打起意占中央，渾身齊到敵難擋；
> 腳踩中門搶地位，就是神仙也難防。」

「頭打」是格鬥中的狠招，在實戰中多在手法的有效配合下去巧妙、迅速、突然的打擊對手。在心意拳中，「頭打」的典型招法是單把動作之「一頭豎（撞）碑」（又稱「中門頭」，因為它主要用來撞打對手的正面及「中線」要害處）。

戰例示範：

當敵方先用左手抓住你衣領，並欲揮右拳攻來時（圖76），你可速用右手之「蛇撥草」招由內向外格擊敵方手腕（圖77），將其左手格到一邊去；同時疾用左手臂由內向外（由右向左）格開對手攻來的右手重拳（圖78）；然後雙手順勢向下將壓敵方雙臂，並同時迅速進左（或右步）步於敵兩腿間或從側面控制住敵前腳（圖

圖76

圖77　　　　　　　　　　圖78

圖79　　　　　　　　　　圖80

79）；接下來，可果斷將頭部狠狠撞向敵面門或心窩等致命空檔處（圖80），保證可一招制敵。

動作要求：

整套動作要連貫而不得脫節。如想主動進攻對手時，可先出手以引誘敵方進行格擋，然後再用雙手順勢捋下敵方手臂，並以頭部向前猛擊；而且也可以不進右步而直接

發頭重擊，這要根據具體情況而靈活運用。

二、肩　打

「肩打短勁敵難擋，整體衝撞跌當場；
　手法保護突然進，肘手連擊敵命亡。」

在心意拳中，熊有搖肩晃膀進撲戰鬥之性，本門尤其重視勁力雄渾之熊膀的有效運用，因為真實的格鬥是赤裸裸而殘酷的，故哪一方招狠及迅猛，哪一方勝算就大，所以本門借助熊之雄渾與兇猛是有足夠的道理的。眾所周知，熊性寧靜而含蓄，但揮掌卻能擊碎獅頭，威猛異常，且垂肘護肋令己方變得無懈可擊，而使敵無法入手。

戰例示範（肩部陽打）：

我方以輕步站對敵（圖81），當敵方搶先發右重拳向我方上盤攻來時，我方可速用左手由外向裏進行拍擋（圖82）；然後再迅速向前踩落左腳並順勢控制住敵方的重心

圖81　　　　　　　　　　圖82

| 圖 83 | 圖 84 |

（使敵方無法移動），同時借上步前衝之勢而將右肩狠狠打向敵方胸口或肋骨等致命要害處（圖83），使敵方意外受擊，並將其擊傷或打飛出去（圖84）。由於此次擊打是用肩之陽（正）面狠擊，故又叫「陽打」。

動作要求：

肩打之時一定要全身整體進行配合，換言之，肩部只不過全身整體勁力的一個發放工具。在此，堅穩之腰馬亦極為重要，而且呼氣發聲之「助力」也相當重要，這種獨特的雷聲可以幫助打擊動作，將人體的內在潛力發揮至極限。在本招法中，在左腳從後面控制住敵方重心的情況下猛然以右肩部狠撞敵中盤，極易使敵方失去重心而將其擊倒或打飛出去。

三、肘　打

「肘打去意占胸膛，其勢好比虎撲羊；

橫斜直頂力要猛，出勢好比虎出籠。」

拳諺曰：「寧挨十手，不挨一肘。」泰國拳就以肘法兇狠而令人談肘色變。其實，中國的肘法一點也不遜色，只是人們未去盡數挖掘與開發其潛力而已。

肘法最大的優點就是可以貫充身體的慣性衝力以及由扭腰轉胯所產生的整體勁力去重創對手。由於肘法施展時距敵較近，故對手很難防範。

戰例示範：

我方以輕步站對敵（圖85），當敵方突然揮其右手重拳攻來時，我方可速用左蛇撥草手法由內向外進行撥擋（圖86），以使敵方攻擊偏離其原有目標；然後我方立即向前踩落左（右）步於敵中門以控制敵手的重心，同時疾將右肘由下向上狠狠挑向敵下巴這一致命要害處（圖87），將其打昏或擊倒在地。

當然，也可以直接向前上右步於敵中門，然後再揮右肘去重擊敵下巴或心窩等致命空檔處。

圖85　　　　　　　　圖86

圖 87　　　　　　　　圖 88

實戰發揮：

在格鬥中當我方突然用左手抓住敵方前手時，己方可用左手順勢向後方猛力牽化敵前臂以迫敵重心前傾，同時突然向前狠狠打出「後撞肘」去重擊敵方頭臉或頸喉等致命要害處（圖 88），一招制敵。

動作要求：

應用「肘借身勢」與充分利用步法沖擊的慣性去狠擊對手，肘擊之時另一手須進行良好的防護。

四、手　打

「手打虛實人難防，上下左右變化忙；

　沾實用力須展放，爆發擊打敵命亡。」

心意拳雖然全身遍體都是武器，但卻是始終以拳、掌之手法為主，因為手部為最靈活及速度最快之武器，並且

圖 89

圖 90

容易練就一些能致敵傷殘的
硬功夫。

戰例示範：

我方以輕步站對敵（圖
89），當敵方突然揮其右重
拳向我方上盤攻來時，我方
可速用左搖閃把由內向外去
磕封敵臂（圖 90），以消
敵攻勢；然後在左手順勢回
捋敵右腕的同時，突然進左

圖 91

步、向左轉身、扭腰並閃電般發右掌去狠狠擊打敵方臉部
空檔處（圖 91），一招令敵昏倒或重傷。

動作要求：

我方是以弓箭步發招運勁，因此打擊力極強且重心極
為穩固，但速度一定要快，要在對手做出反應前就將其打
昏或打飛出去。己方的打擊動作一定要簡捷與直接，以加
快打擊的速度和提高打擊的效率，力求一擊制勝。

圖92　　　　　　　　　　圖93

五、胯　打

「胯打中節並相連，陰陽相合防之難；
　　腳踏中門搶地位，裹胯埋身變勢難。」

　　胯是人體之根節，而由根節所發出的力是最原始而強
猛的，並由於胯部較容易貫穿源自於身體上的沖擊勢能於
對手身上，故一旦擊中敵方要害，則勝負立判。或者說，
很多時候胯部可能會因時機掌握不好而無法擊中對手，但
只要擊中便是足以致命的一擊。所以你應多練習此等對手
並不熟悉與瞭解的動作，以便「拳打人不知」，給予對手
以突然而有效的致命重創。

戰例示範：

　　我方以輕步站對敵（圖92），當對方突然用右掃踢腿
向我方中盤攻來時，我方可速用左臂由內向外進行格擋
（圖93），同時迅速進右腳於敵方中門內而以右胯去狠狠

圖 94　　　　　　　　　圖 95

撞擊其襠部這一致命要害處（圖 94），一招制敵。這時左掌與右肘也可以配合右胯前擊來重創對手（圖 95），並將敵打癱或打飛出去。

動作要求：

要注意全身整勁的瞬間發揮，也就是須做到「整體打局部，勢堅打勢散」，以迅猛的腰胯力與衝撞勁一擊制敵。如果胯擊落空或未能由此制伏對手時，可再變化或連接其他重招去狠擊對手，如後撞肘等等。

六、膝　打

「膝打幾處人不明，好似猛虎破木籠；
　全身整勁一齊發，前頂橫撞不留情。」

泰國拳之所以厲害，是因為它的膝招精堪與精絕。無獨有偶，心意拳也特別重視膝招與膝技的運用，因為心意

圖96

圖97

圖98

圖99

拳亦講求「硬打硬要無遮攔」而一招制敵或以重招創敵。

戰例示範：

　　我方以輕步站對敵（圖96），當敵方突然用其右重拳向我方上盤攻來時，我方可速用左手由內向外進行格擋（圖97），用以破壞敵方攻勢；隨後將左手順勢貼緊敵臂而迅速下滑並與右手一起抓抱住敵方頭頸（圖98）；然後在雙手猛力下壓的同時將右膝向上狠狠迎撞向敵方臉部或

心窩（或襠部）等致命要害處（圖99），一招搞定對手。

動作要求：

膝頂要充分借助向前送胯之慣性衝力去重擊對手，並需要有手法的良好配合才能制敵於瞬間。因為手法的箍抱動作一可防止對手逃脫；二可限制其做出反擊動作；三可加大膝擊的力度。並要猛頂快收，以便連續頂撞與進一步打擊對手。

七、足 打

「足打踩意不留情，發力全憑後腳蹬；

果斷出擊防難覺，快腳踢人不留情。」

實戰中，由於雙腳遠離對手的視線，所以如能夠先發手法去擾亂敵方視線，則出腳必定「發而必中」，因為對手根本預料不到你的突如其來的腳法。如果是在防開對手的攻擊的同時去迎擊或是反擊對手，只要起腳突然、直接而無欲動，也必定腳無虛發，因為此時對手沒有閃避的時間。如果把握好時機以及速度也夠快的話，那麼，腳法就不愧為人體的第一殺傷性武器。

戰例示範：

我方以輕步站對敵（圖100），當敵方突然用右手重拳向我方上盤攻來時，我方可速用左蛇撥草向外擋開對方的右重拳（圖101），同時疾發右寸腿去徑直狠踢對手的前腿之脛骨或膝關節致命空檔處（圖102），攻敵以措手不及；然後在迅速向前落穩右腳的同時突然發雙掌去重擊

圖 100

圖 101

圖 102

圖 103

敵方的胸部或腹部要害處（圖 103），將敵方重重擊傷或
擊倒在地（圖 104）。

　　實戰發揮：

　　我方仍以輕步站對敵（圖 105），當敵方突然發右手
重拳向我方上盤攻來時，我方可速用右手向外進行格擋

圖 104　　　　　　　　　圖 105

圖 106　　　　　　　　　圖 107

（圖106），使敵方重拳落空；接下來迅速向前提右膝而
以一記兇狠的側踹腿去突然重擊敵方中盤致命空檔處（圖
107、圖108），用以徹底摧毀對手的戰鬥力；然後在迅速
向前落穩右腳的同時猛發右「背勁」（背掌）去橫擊敵方
頭臉部或太陽穴要害處（圖109），將其快速擊倒或凌空
打翻出去。發重掌打擊時，須充分發揮強勁的腰力去重創

圖 108　　　　　　　　圖 109

對手。

動作要求：

己方出腿一定要突然、隱蔽、快速，如朔風捲地，百草俱折。通常情況下是「手領腳發」，但在時機成熟時「腳打」後亦可突然連發「手打」以攻敵出其不意。無論是手打或是腳打，都須做到「猛打快收」，而不留給對手任何可以利用與反擊的機會。

心意拳絕藝「四把捶」訓練

　　心意拳之「四把捶」向為本門不傳之秘，因此有「鬥金難換四把捶」之說。心意拳歷來只有這一個拳術套路，當然也有一些支流在此基礎上增加了一些輔助性練習套路；或者是在這個「四把捶」上有些動作也不盡相同，因為每個人的打法特點與風格不同，所以，在套路上略有出入也屬正常；再者，不同地域而在套路上略有區別也完全可以理解，因為它們的核心動作與原旨並未改變。

　　「四把捶」的套路極簡單，來回均走直趟，核心技術是橫捶、虎撲把、鷹捉把及虎躥把，故又曰「四把」。同時它又注重四把勁的練習、即頭上一把、肩（膀）上一把、手上一把、足上一把這四把勁。

　　該拳歷經 300 餘年而未曾任意改動，皆因為其易於練勁及技擊性強而存在於世。尤其在決（絕）勁方面更是效果顯著，長期練習可練出「入裏透內」及「穿胸透臍」之深層爆炸力（亦即「內勁」與「炸勁」），並對前面的所有練習動作能產生更為深刻的理解。關於四把捶的套路，有拳譜曰：

　　「出手橫拳勢難擋，展開中平前後梢；

轉身挑領陰陽勢，鷹捉四平足下拋。」

又有拳諺曰：

「出手橫拳無敵家，進身挑領可打垮；

　鷂子入林加反背，四把鷹捉染黃沙。」

還有拳諺曰：

「出手橫拳快又奇，突發挑領快又急；

　鷹捉好似貓撲鼠，虎撲好似虎下山。」

　　操練心意四把捶時，應做到心靜氣沉，精神內守，靜如山岳，動如山崩，剛柔相濟，束展得宜，升合相間，渾然一體。此拳既是套路練習，又是技擊之綜合練習與基本功訓練，且內外兼修，應變無窮，而且日久才能功深。

　　記住，「拳打千遍，真義才現（身法自然）」，每多練習一次便產生一次的效果，功夫是練出來的，而非憑空想像出來的。

一、輕步站

盤練之法：

　　練習時以側身站立，用來減少可受敵方攻擊的面積。通常是左手與左腳居前，而左虛右實。全身放鬆，左手掌心向內，放在左胯前面，五指搯開，右掌也向內，放於右胯前或者放於襠前，使兩手起到護襠及護腹的作用，而兩肘則起到護肋與護腰的作用。同時，還應做到頭頂頸豎，精神飽滿，使自身有「箭在弦上將發未發之意」，並含胸

圖 110　　　　　　　　　圖 111

沉腰以蓄勁待擊，兩眼向前平視（圖 110）。右腿略屈，左腳腳尖略向上翹起，兩腳間距離約與肩部同寬，（圖 111）為本動作的側面示範。

用　法：

與人交手應伺機而動，將動未動之際不可擺樁露出真意，本動作可先蓄而後發，未露先機並暗藏殺機。基本原則是「敵不動，我不動，敵一動我就先發制人」。

二、熊出洞

盤練之法：

左腳尖立起，以腳跟為支撐點，頭頂頦收，全身警起。兩臂向前方抬起而成「兩臂想像屈臂墜肘式」，兩手心均向下而略外翻，手指　開向前，兩肘須「守洞」而護兩肋（圖 112），自然面對前方，眼視對方眼睛。（圖 113）

圖112　　　　　　　　　圖113

為本動作的側面示範。

勁　意：

本招法又名「熊出洞」，也就是採熊出洞而準備攻擊時之態勢，此時兩膀上提做好了充分的攻擊準備，兩肘亦嚴密封護住了自己的肋部要害，整個身體已儲好了力，而準備向前方發起猛烈衝擊。我們都知道，熊為安靜而含蓄之猛獸，而本姿勢既可攻又可守，「若言其靜未現其機，若言其動未見其形」；敵不動，我不動，敵一動我方就快招搶攻而「後發先至」，真實體現了熊的技擊特點。正所謂「縱敵千軍萬馬，我亦如入無人之境，擊人勝似閒庭信步」，自信萬分，豈能不勝。

用　法：

本動作是一切攻防動作的開端，可攻可守。

圖 114 圖 115

三、虎 撲

盤練之法：

左腳速向前上步而變成左弓步，而且腳趾應抓牢地面；同時右腿應蹬直與蹬緊，從而使自身從頭到右腳跟成一條直線，以便於全身向前的整勁的發出。左手應隨左腳踩地之勢下撲於左膝前，並做到掌心內含，掌根按勁，當然左手不能向前超過膝部（亦即「虎不現爪」），右手則按於襠前用來護襠，兩眼平視，頭頂頸豎，氣勢威嚴（圖114）；下巴則應回收及收肛。（圖115）為本動作的側面示範。

勁 意：

此姿勢為現實中餓虎撲食之勢，所以應重點體會快速猛然之「撲勁」，同時還應體會手心向下之按勁，足趾抓地之扣勁，頭頂向前之頂勁，以及丹田之抱勁，以便達到勁整力猛之「整體爆發」的狀態。

圖 116　　　　　　　　　　　圖 117

用　法：

　　先用左臂擋開敵方來拳，然後猛發左肩而利於整體的衝撞力向前狠撞敵胸，將其擊出丈外。

動作要求：

　　做本動作時須做到「三心（手心、足心、頂心）要實」及「三尖對照」。

四、猴縮蹲

盤練之法：

　　繼「虎撲」之勢，左腳在略往後回收的同時使身體也往後方縮身下蹲，從而使重心落在右腳上，同時應兩膝向裏「裹」勁；左腳趾則略向上翹，兩肩下垂，兩肘護肋，兩手自然下垂而護心，下頦則裹收而護喉，目光前視（圖116）。動作中不得翹臀，以及腰要直。（圖117）為本動作的側面示範。

圖 118 　　　　　　　　　　圖 119

勁　意：

此勢為「蓄而待發」之勁，故四梢應裹住勁，這是進勢疾發的前瞻。就好像箭要射出前的拉弓一般，只有引勢力足，才能射得長遠及穿透力極強而無堅不摧。

用　法：

取猴縮身之靈巧來進行快速閃避與防禦，或是進行蓄力，以準備發起最強猛的攻擊行動。

五、過步踐（箭）穿（又名「虎竄把」）

盤練之法：

繼「猴縮蹲」之勢，左足迅速向前方進步並踩實，此時右腿在後面蹬直；接下來，右足再疾速向前方進步而落於正前方成右弓步，雙掌亦在略回收後而隨右腳進步之勢向正前方果斷打出（圖 118），目標是對手的胸部或是腹

142

心意六合拳發力與技擊

部要害處。（圖 119）為本招法的側面示範。

勁　意：

此招式勁自丹田吐，以全身之整體勁力去狠擊目標，雙掌在命中目標前的瞬間應有一個「抖」勁。與上式連接起來便是「收如伏貓，縱如放虎」。動作一定要快，以便體現出箭之「疾」與「勁」來。由於這時己方下肢成弓步（兩膝亦應有向內的合勁），故重心極穩。而在此基礎上發出的兇狠掌擊也將是無堅不摧的。

用　法：

借用連續上步之慣性衝擊力去果斷的狠擊對手中盤要害處。當然，作為一種靈活的戰術，也可以再連接其他攻擊動作去進一步打擊對手，例如「背掌」等等。

六、虎蹲山

盤練之法：

繼「過步踐穿」之勢，己方在右手速回收而落至右胯內側進行防護的同時，疾將左腳往前收（跟）步於右腳跟處，而成屈膝下蹲之勢（圖 120），此時右手心向內左，左手心向右，全身仍成蓄而待發之勢，目光前視，下頦裏收。（圖 121）為本招法的側面示範。

勁　意：

此勢練的是「束而後發」之束勁，如洪水蓄於堤壩以待開閘奔泄之勢。

用　法：

此勢主要用於閃避與防禦敵方來自上盤的兇猛攻擊，以

圖 120　　　　　　　　　　圖 121

及當敵方由後抱住我方時，我方突然沉身後坐以臀擊對手，從而得到解脫。據說，本門功深之人可以以臀部坐斷石板。

七、橫捶（又名「橫拳」或「開山捶」）

盤練之法：

繼「虎蹲山」之勢，左足迅速向前上一大步並踏實，右腿則在後面蹬直以助上肢發力，同時右掌變拳由下向上擊至胸口或腹部高度，左掌則向前抱住右拳而與右拳合勁（圖 122）；此時兩肩裏扣，肘部下垂並裏裏，頭頂項豎，目視前方，全身整體向前發勁，當然力是集中於右拳這一個「點」上發出，便能穿透前面的目標；（圖 123）為本動作的側面示範。在練習本招法同時還須做到「氣自丹田吐」，並發「噫」聲來震盪與震懾對方。

勁　意：

此拳勁意有二：一為「恨地無環」，以鍛鍊由下向上

圖 122 　　　　　　　　　　圖 123

的突然而迅猛的提勁，而意念抓住地球的環把將它提起來；其二為「崩勁」，其意好似繩拉重物時，突然繩斷一般，其勁是突然崩發而出的。同時右臂還應做到似曲非曲，因為若過於曲則勁力無法盡放；過直則剛硬而容易被敵方反制。

　　用　法：

　　本門老前輩李海森先生當年便在擂臺爭鬥中以一記快速兇狠的「橫捶」當場擊斃了對手，故拳諺又曰：「出手橫拳人難擋，牆破樹折響噹噹」。實戰中多在其它招法的引導與掩護下去突然重擊敵方之胸、腹、襠等「中線」致命要害處，一招制敵。

八、鷂子入林

　　盤練之法：

　　繼「橫捶」之勢，身體迅速向右後方轉動，兩腳變為

圖 124 圖 125

朝向後方，右拳亦變成掌向身後快速劈去，左手則向上揮起成「蓋把」，頭則快速右轉予以配合。接下來右腳向前一小步，隨後再跟進左腳，同時身體亦向上「長身而起」成直立狀態（圖 124）；目視前方，收腹直腰。（圖 125）為本動作的側面示範。

勁　意：

此勢練的是「包」與「裹」之勁，同時亦有「蓄而待發」之意。轉身要快，勢如猛虎之返首。

用　法：

主要用於防範後面偷襲之敵，例如可以用右臂去向外側格擋或劈擋敵方攻來之拳或腳，而且左手臂也應同時進行良好的防護而格擋敵方向頭部攻來的動作，以使敵無機可乘。

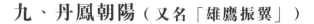

九、丹鳳朝陽（又名「雄鷹振翼」）

盤練之法：

繼「鷂子入林」之勢，上身向右側擰轉，右手則向上而以掌背進行快速撩擊，使右臂基本上向上成直立狀態；同時左掌則向腹下按下來保護下體，至於左腳則以寸腿猛然向前方踢擊，目標是對方的腿部之脛骨要害處（圖126）；此時兩眼視前方，上體保持正直以及做到頭頂項豎。（圖127）為本動作的側面示範。

勁　意：

右手上撩與左掌之按勁應成一個相向的「撕」勁（或稱為「對拔勁」），以加大右手上擊的力度及左掌下按的力道。同時丹田應「裏收」，左腳向前踢的是瞬間的爆炸力。

圖126

圖127

148

心意六合拳發力與技擊

用　法：

　　右手上撩通常是用來擊敵下巴或上擋敵方攻來的武器或持武器之手腕；左手下按則是為了保護下體，左寸腿攻擊則是為了踢斷距離己方較近的敵方脛骨或由此擊倒對手。

十、沉　劈

盤練之法：

　　繼「丹鳳朝陽」之勢，左腳先向前方快速落穩成左弓步（圖 128）；接下來右手亦迅速向下劈砍，左手則向上抬起來護住上盤，同時兩肘還應自然下垂以護肋，右腳也快速向前方踢出，從而使身體沉下而將重心落於左腿上（圖 129），此時應含胸直腰，目視前方。

　　（圖 130）為本招法的正面示範，從圖中可以看到己方是攻防合一的。

勁　意：

　　右手下劈時須借助身體下墜之勁果斷劈下，兩腿應相貼夾襠。本動作是肩胯相合、肘膝相合及手足相合之「外三合」的高度配合運用，也是再度攻擊前的一個過

圖 128

圖129　　　　　　　　　　　　圖130

渡動作。具體運用時，還應做到「未落身先墜」，以保持
身體良好的平衡。右手之下劈須猶如利刀之斬西瓜，刀落
瓜開成兩半。

　　用　法：

　　先用右手劈開敵方攻來之臂，然後再以右腳由下方去
突然狠踢敵方脛骨空檔處，接下來再用下一招之「挑領」
去重創敵下巴。當然，沉劈之後可連接的其它打擊動作還
有很多，比如背勁（虎擺尾）、肩撞、肘打等等。

十一、挑　領

　　盤練之法：

　　繼「沉劈」之勢，右腳向前一大步並踏穩，左腳則在
後蹬直成右弓箭步以使下盤變得極為穩固；同時右手握拳
自下而上向上進行迅速挑擊，此時手臂微屈，拳向上挑擊
的高度約與眉同高，左手則按於襠前以進行良好的防護

圖 131

圖 132

（圖 131）；頭向上頂，目視前方。（圖 132）為本招法的側面示範。

勁　意：

此式由前勢之「落」而迅速變為「起」，如此一起一落，一開一合盡為四把捶之精華所在，勁力也由此發放至極限。右拳向上挑擊時須連肩帶背向上挑勁，速度要快，並需放鬆肢體攻出，而只有在右拳接觸到目標前的瞬間才突然將力發出，去重創對手下巴等致命要害處。此外，身手必須一齊起落，以使自身勁整力沉；而且左手之按勁與右手之挑勁應形成一個互為促進的「對撕」勁。

用　法：

繼上勢「沉劈」劈下敵臂後，再以「挑領」迅速向上挑擊敵下巴（近似於西洋拳擊中之上勾拳），若挑擊落空時，可再猛落右肘去向下或向前狠擊敵心窩（亦即「單虎抱頭」之招）。

十二、鷹捉（又名「鷹搓把」）

盤練之法：

繼「挑領」之勢，左腳迅速向前上步於右腳前並落穩，同時猛然向上起身，使左手經胸前再經右手虎口上方而向左上方吐出；右拳則變掌向對方喉部猛然卡出（圖133）；兩眼則從己方右掌虎口中前視，兩足則呈左虛右實之狀，以使己方攻防得體；（圖134）為本招法的正面示範。

勁　意：

兩肘應有向裏的裏勁，兩手應有捉勁。而且應勁自丹田吐，使勁出敵喉碎，故本招法又叫「黃鷹掐嗉」，此為武術中有名的狠招之一。

用　法：己方先用左手向外擋開敵方攻來之右臂，同時疾以右手向前猛然卡牢敵喉節，將敵制伏，本動作為傳統武術三大毒招「「黃鷹掐嗉」、「二龍戲珠（插眼）」

圖133

圖134

及「葉底偷桃（踢襠）」之一，故應謹慎使用，不到萬不得已不可使用。

十三、虎　撲

盤練之法：

繼「鷹捉」之勢，兩手果斷並力下捉，同時左腳迅速向前進一大步而變成左弓箭步，整個上身應順著兩手

圖135

之迅猛的捉勁而向前傾折；最後左手落於左膝內側，右掌則按於襠前（按勁）進行防護（圖135）；此時兩肘應貼肋，虎目前視。

勁　意：

鷹捉緊接著虎撲，可鍛鍊你的「捉勁」與「撲勁」。而且鷹捉變虎撲，還可練習摘勁，猶如雙手抓住樹枝而猛力扯下或抓住「天環之把」而發力將其扯下，而兼練「恨天無環」之墜勁。

當然，兩手若墜勁強猛的話又必然會促進肩部之迅猛的衝撞力，此兩者是相輔相成的。

用　法：

「鷹捉鎖喉」再變成「虎撲狠撞」不失為一記狠招，但動作應連貫果斷以便制敵於瞬間。心意拳講究「出手鷹捉，出勢虎撲」，就具體體現在本招法中，故應勤加練習以便真正掌握心意門之核心要領。

十四、猴縮蹲

（同前）。

十五、過步踐（箭）穿

（同前）。

十六、虎蹲山

（同前）。

十七、橫　捶

（同前）。

十八、猛虎轉身

盤練之法：

繼「橫捶」之勢，迅速向右後方轉身，右拳也變成肘而向右後方猛然撞出至肘平，左手則推住右拳面以助右肘發力；此時下肢則變為右弓箭步（圖136），頭部也必須配合右肘打出而猛然回首。（圖137）為本招法的正面示範，眼視肘尖（也就是「手到眼到」或「眼到手到」）。

勁　意：

轉腰發肘時腰部應有一個快速突然的「抖」勁，也就是應展腰送背以近身發短勁去快速打擊對手，故可令敵防不勝防。

圖136　　　　　　　　　圖137

用　法：

迅速轉身以右肘狠擊後面偷襲之敵的上盤空檔處。

十九、拉弓射箭

盤練之法：

繼「猛虎轉身」之勢，左腳迅速上步與右腳併攏，同時身體速下蹲以蓄力，兩拳亦收於腰際（右拳貼於右腰，左拳貼於左腰），成「蓄勁待發」之式（圖138）。

然後兩腿再突然蹬直，人亦猛然長身而起，右拳也

圖138

圖 139　　　　　　　　　　圖 140

迅速向前方直線打出（圖 139），目標是對手的下巴或心窩等致命要害處。

　　此時左掌護於腋下，目視前方，眼露殺氣，用以從精神和氣勢上震懾對方。（圖 140）為本招法的定式動作之正面示範。

　　勁　意：

　　重點體會身體由「縮」而「長」之絕勁。因為下蹲是「縮」，出拳射箭是「長」。發拳之時亦必須將勁力由腿而腰而肩而肘，最後使力達於拳面，要使全身抖擻如火燒身般一抖而出，發出快速、突然而猛然的震彈之勁。

　　用　法：

　　先下蹲避過敵方向我上盤攻來的打擊動作，然後再迅速起身突然以直沖拳狠擊敵面門空檔處而得手。

圖 141　　　　　　　　　　圖 142

二十、虎觀山（又名「霸王觀陣」）

盤練之法：

繼「拉弓射箭」之勢，右腳迅速往後退一步成左弓箭步，同時右手經左肩前向下劃擋至右胯旁邊；左手則順勢向下、向前劃擋至左膝側方停住，這時的基本身形如「虎撲勢」（圖 141），也就是側身對敵；頭向上頂，下巴裏收，兩眼視敵方兩眼之間。（圖 142）為本招法的正面示範。

勁　意：

此勢是身側傾禦敵之法，著重背勁之運用；同時左臂應有向前的撩彈勁，右臂是向後的格擊勁（可格擊後面襲來之拳腳）。

用　法：

退步格擋首先可向後避過對手的正面攻擊，同時向後

退右步並格擋還可防背後襲擊之敵，並且在後退的瞬間左掌可向前果斷撩擊敵襠；若雙方距離較近時，頭與肩還可用來頂撞對方。

二十一、迎門鐵臂

盤練之法：

繼「虎觀山」之勢，我方右拳和右膝同時向前上方迅速出擊，而且沖拳應與眉同高（右肘下垂，拳心向在），左掌則護於右肘處，左腳應抓地站牢，右膝提起後腳尖應上勾（圖143），此時是側身對敵，並且左腿支撐要穩固，這是右拳與右膝勁力得以發出的關鍵所在。（圖144）為本招法的正面示範。

勁　意：

此勢突然長身而起如虎之躍出，故沖勁甚猛，右膝亦應借助猛向前的蹬地之迅猛反作用力快速前頂，右拳需借

圖143

圖144

助腿之蹬勁與腰勁而傾力狠擊。右拳與右膝應同時果斷打出，要用整體的衝撞力去準確重擊對手的要害部位（基本上是右拳打下巴及右膝頂對手襠部）。

　　用　法：

　　這可以說是心意門中最為狠毒的一招，多在用左手防開敵方攻擊的同時，突然攻右拳去重擊敵下巴，同時右膝狠擊敵襠，保證可一擊制勝。因本招法所打擊的均為人體最脆弱的致命部位，簡單、直接而兇狠就是心意門的技擊特點所在。

二十二、斬捶（又名「斬手炮」）

　　盤練之法：

　　繼「迎門鐵臂」之勢，右拳迅速向前、向下砸擊至踝關節高度，左手則護於胸前，右足則迅速踩穩地面，成雞步夾襠式（圖145）；但不得翹臀拱背，目視前下方，右手向下

圖145　　　　　　　　圖146

砸擊時可呼氣以助發力。（圖146）為本招法的側面示範。

勁　意：

「斬手」者乃向下斬劈敵手足，「炮」者勁之「雄」和「猛」也。右足應有向下的踏裂磚石之爆發勁，以便使敵方足背骨裂肉碎。右手的劈斬要果斷猛烈，需借助整體下沉之勁力迅速向下劈斬敵方手足或向下劈打敵方頭面部要害處。

用　法：

本招法主要接在「迎門鐵臂」之後連續運用，也就是一旦右手上擊敵下巴與右膝向前上方頂撞敵襠部落空時，便須迅速改用右劈拳這一「千鈞重錘」向下猛劈敵方頭臉或胸部空檔處，下面則同時以右足狠踏敵足，這裏發揮的是「腳手齊到一命亡」之訣。

二十三、蛇抖身

盤練之法：

繼「斬捶」之勢，左足迅速擦右足內側而往前上步成雞步之勢，兩手則前後相向撐開（圖147）；接下來右手由下向上過臉部舉起，並於額前與左手交叉（圖148）；然後右手再向前下方劃弧撩出（圖149），此時左手應與右手同步做動作

圖147

圖 148　　　　　　　　　　　圖 149

而完成向後方撩擊的動作，且目視前方。（圖 150）為本招法的定式動作的正面示範。

圖 150

勁　意：

　　兩手臂在體前畫圓後應分別向前後方進行撩擊（撩勁），同時兩臂亦有外撐的力道，兩臂之間還應有對撕之勁。右手在前如蛇頭，左手在後如蛇尾，身軀扭轉成龍腰（龍者「蛇」也），故曰「蛇抖身」。

用　法：

　　右手可先向上撩打敵方攻來的手臂，隨後再順勢回擊其下腹，此即所謂「溜打滑撐」，用的是快速突然的瞬間打擊力，它借用的是蛇的靈巧與攻擊時的突發性。左手則

圖 151   圖 152

向後方格擊背襲之敵的拳或
腳，也可以直接向後撩打從
後面偷襲者的中盤要害處。

二十四、懷抱頑石

盤練之法：

繼「蛇抖身」之勢，兩
掌相向而使手心向上如抱巨
石狀（圖 151），此時步型

圖 153

略低，左腳居前，兩腳前後交錯站穩；（圖 152）為本動
作的背面示範。隨後左足向左後方退出一大步，並將右足
也向後面迅速撤步而與左足併攏，雙掌也同時拍向自己左
側腰腹部（圖 153），借排打來增強該部位的抗擊打能
力。

勁　意：

自己必須充分借助兩足之蹬力抖身而起，雙掌拍腹時應呼氣。此動作主要用來鍛鍊內勁，並如懷抱頑石向空中一拋般，其勁法著重於抖動心勁，正所謂「心勁一發金剛立」。也就是意想兩手從地上抱起千斤重的巨石，且閘住丹田，其勢猶如彎弓到了極點，並在弓弦欲斷而未斷之際猛力外拋，將巨石匠拋出數丈開外，它所著重發揮的是短、脆、狠之「抖」勁。

用　法：

此動作主要是用雙手抄住敵方攻來的腿後猛力將其拋飛；也可以抖身向後靠擊由後面纏抱住自己的對手，用以解脫近距離的纏抱。

二十五、搬雙把

盤練之法：

繼「懷抱頑石」之勢，右腳疾向前方上一大步而變成右弓箭步，同時由轉體挺腰而向前方果斷發出兩掌去快速重擊對方的胸部或腹部要害處，而且掌向前方打出的同時兩手應向外撐翻，以使掌根相對（圖154），也就是使著力點更為集中的向前方徑直打出；此時兩肘應

圖154

抱肋，頭頂項豎，目視前方。（圖155）為本招法的正面示範。

圖155

勁　意：

本式通常接上式來運用，也就是由上勢抱起巨石後而在右腳猛然向前一步以製造足夠的沖擊慣性的同時，將雙掌以「抄托」勁與「抖送」勁而閃電般的將手中的巨石拋出，因此本招法又名「懷抱頑石把」，它幾乎是「進步」與手掌的「抖拋」一齊動作，以鍛鍊全身整體的整勁。亦有拳家曰雙掌向前抖拋時必須如拋毒蛇般快速敏捷，以鍛鍊瞬間的抖拋勁力。

用　法：

接上勢抄住敵方腿部後，可再以搬雙把猛力拋之，以迫使敵方騰身飛跌出去。也可以在寸腿的引導下突發雙把去果斷的擊跌以對手。

二十六、退步鷹捉（又名「鷹搓把」）

盤練之法：

繼「搬雙把」之勢，右足迅速向後方退回一大步，隨之左足亦跟之略後退一小步，此時左足在前，兩手在略回收後再向前方猛然攻出，右掌則又開向前去卡住敵方喉節

圖 156 圖 157

（圖 156），左手向上撐托。

勁 意：

兩肘應有向裏的裏勁，重點練習的是手上的捉勁。

用 法：

在左手擋開敵方來拳的同時，果斷以右掌突然卡牢敵方喉節，迅速有效地將敵制伏。

二十七、虎 撲

盤練之法：

繼「退步鷹捉」之勢，雙手在猛力下捉的同時，將左腳迅速向前上步而變成左弓箭步，這時上體亦隨著捉勁而向前果斷傾折，左手向上按落於左膝內側，右手則按於襠前用來保護下體（圖 157），神態威嚴，目視前方。

勁 意：

前勢之「捉勁」與本勢虎撲之「撲勁」為一整體（連

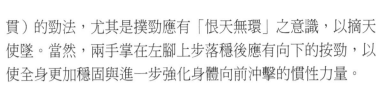

貫）的勁法，尤其是撲勁應有「恨天無環」之意識，以摘天使墜。當然，兩手掌在左腳上步落穩後應有向下的按勁，以使全身更加穩固與進一步強化身體向前沖擊的慣性力量。

用　法：

先用手法捋開對方攻來的拳頭後，再由近距離去突然撞打敵方的胸腹部空檔處，攻敵以措手不及。

二十八、背勁（又名「背把」或「虎擺尾」）

盤練之法：

繼「虎撲」之勢，身腰猛然向右後方轉動，而且在向右方轉腰之前可先蓄勁，右掌則經左腰前向右上方快速而突然的打出，目標是對方的頭臉部致命要害處（圖158），當然這時是借助轉腰之力去突然重擊目標；而且此時你也已變成了右弓箭步，左掌則按（護）於下腹前；目視敵雙眼，或「眼到手到」而盯緊打擊目標。（圖159）

圖158　　　　　　　　　圖159

為本招法的正面示範。

勁　意：

右掌之轉身背打與左掌之向下的按勁應有「對撕勁」，並須有龍蛇之疾速折身與猛虎回頭之勢頭，它所發出的是「展」勁，而且是整個右手臂與肩背一齊出勁，以摧枯拉朽之勢摧毀一切障礙物。

用　法：

當襲擊者由後攻來時，己方須迅速回身並突然出手重擊敵上盤，而且右腰與右肩以及右掌應一齊發力，其勢好比「突然關門」一般，使敵方不及應手而中掌後如朽木般轟然倒地。本招法的總的指導原則是「手法如炮龍轉身，遇敵好似火燒身」，亦即如滾油滴水般驚、炸、脆、狠並一擊制敵。

二十九、搨把（又名「貓撲鼠」）

盤練之法：

繼「背勁」之勢，右腿迅速彎曲並後收，使身體下蹲，重心則落於兩腿之間，並以左(後)足負擔起重心略多一點，同時迅速將右掌轉為掌心向下而下去，其勢猶如抓住敵人的頭髮而往腳下猛力扯拉一般，左掌則在後護襠（圖 160）。此時應做到肘與膝合，且沉肩垂肘，

圖 160

眼視前方。

勁　意：

右手下扯應與身體同時下沉，也就是以整體勁（尤其是向下的「墜勁」）去迅速制伏對方。其勢應如鷹捉獵物後踩在腳下一般，無物能逃。

用　法：

先用右手外擋敵方攻來的左拳，同時疾以右腿向前方狠踢敵脛，然後速成以右手抓住敵方頭髮並猛力按扯於地上。

三十、猴縱身

盤練之法：

繼「把」之勢，在右足向前踏進一小步的同時，將兩手先上揚再向下用力扯（捉）下，同時將左膝猛然提起向上沖擊（圖 161），整個姿勢猶如「猴攀枝」般迅速沖身而起，此時右手須在膝內側護襠，左手則按放於腿外側。（圖 162）為本招法的正面示範。

圖 161　　　　　　　　　圖 162

勁　意：

　　起身要快，雙手與左膝需配合好，也就是將起身體向上的沖力同雙手向下的扯按力進行良好的配合（亦即「手與身合」）；同時還須將雙手向下的扯力與膝部的猛然上頂之力相合（此即「手與膝合」）。本招法與泰國拳中的「箍頸膝撞」之絕技有異曲同工之妙，同屬致命狠招之列。

用　法：

　　在避過或擋開對方的來拳後，疾用雙手（臂）抱住敵方的頭部並猛力下按，同時速抬左膝向上狠狠迎撞敵方頭臉或胸部要害處，力求一擊制敵。當然，左膝也可以去連續撞擊對手，或是連續攻出右膝去進一步重創對手。另外，也可以在雙手向上猛然拉下敵雙肩的同時，突然抬膝去果斷狠撞對手，將其制伏。

三十一、虎　撲

盤練之法：

　　繼「猴縱身」之勢，左腳迅速往前方落穩成左弓箭步，兩手之姿勢同前面所講述的「虎撲」，即右手按於襠前，左手按於左膝內側，頭部前頂，下巴裏收，眼視前方，並從口中發「噫」聲以將勁力發放至極限，或將胸中存儲之廢氣盡數排出（圖163），其實無論是虎或貓向前撲進攻擊時都會發出吼聲或嘯叫聲以震懾對方，從而使對方頓感毛骨悚然而束手就擒。此外，還要做到「三尖對照」及「三心要實」。

勁　意：

　　兩手心應有向下之按勁與捺勁，足趾則必須有抓地之

圖 163　　　　　　　圖 164

扣勁；而且頭應有頂天之勢，以及足應有抓地之精，並側
身撐腿以整勁前撞，形似牆倒之時，身如木柱把它頂住一
般。當然這種整體向前的衝撞力也是極為驚人的，中招者
無不如斷線風箏般倒飛出去。

用　法：

先用前勢之膝技去果斷地頂撞對手，再用本勢之虎撲
去進一步擴大戰果，以短距離之狠撞動作，將對手撞飛或
打癱在地。

三十二、輕步站

盤練之法：

繼「虎撲」之勢，左腿速回收半步，兩手亦同時回
抽，還原成開始的起勢之「輕步站」動作（圖 164）。此
時仍然是左手左腳在前以及側身站立對敵；兩肘仍用來護
肋，並頭頂項豎，心寧氣沉，渾身泰然。至此，全套「四
把捶」已全部打完。

心意拳經典技擊戰例演示

　　心意拳最大的特點就是悍勇狠毒及技擊性特別強。它不但有抓髮、破面、掐喉、打穴、擊襠等傳統武術中最為兇狠的動作，而且頭、肩、肘、拳、掌、胯、臀、膝、足皆為犀利武器，可以說是無孔不入，無所不用。

　　並且相應的攻擊招術都有相對的要害部位可以適時打擊，對手一旦中招，當可非昏即倒，在大多數情況下皆可一招制敵。

　　本章所講述之「經典技擊戰例示範」，全為本門拳法中的「狠招中之狠招」，練習者一定要謹慎用之。雖然只是講解了幾個最具代表性的技擊戰例，但讀者卻可以舉一反三，進而獨創出更加適合自身打法特點的「絕招」來。

　　所謂的「絕招」全是因為自己苦練某一招法至本能（隨心所欲）的狀態後的一種完美體現。這一種招法對別人來說可能會成為絕招，但用在你身上卻並不一定能行，因為每一個人的性格與打法特點均不相同，所以，你最好是在學習了別人的絕技後，能進一步創出真正屬於自己特點的絕招來。

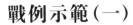

戰例示範（一）

格擋／拉手／背勁／肘後擊

技術動作：

當對方猛發左擺拳或直拳向我上盤攻來時（圖
165），我可在其左拳攻至體前的瞬間，迅速用左手由內向
外進行格擋（圖166），使敵方的重擊落空；接下來不待
對方將攻擊之手抽回，我便用左手順勢抓住其左腕並用力
向自己的左後方進行牽拉（圖167），以迫使敵方進一步
失去重心；然後我在左手後拉的同時迅速上右步於敵方腿
後方，以便有效地控制對手的重心，並於此同時突然向對
方的頭臉部致命要害處攻出強猛的「右背把」（圖
168），在敵方的意料之外得手；若此時仍未能擊倒對手，
可再在將右肘略回收以蓄力後（圖169），再閃電般的向
前打出一記後撞肘，目標仍是對手的頭面臉致命空檔處
（圖170），徹底制伏對手。

圖165

圖166

圖 167

圖 168

圖 169

圖 170

動作要求：

　　左手格擋敵拳要快，後拉敵左腕要及時、迅猛，以令
敵無暇回防；右腳上步要快並需與「右背把」的打擊動作
配合好；接下來的肘部後撞要連貫、兇猛，以強勁的腰力
與腰背之勁力去瞬間摧毀對手。

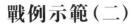
戰例示範（二）

格擋／寸腿狠擊／鎖喉

技術動作：

當對方猛發左拳向我上盤攻來時（圖 171），我可在其手臂打直而無法及時回防的瞬間，迅速用右手由內向外去格擊對方的手臂內側（圖 172），將對方攻擊破壞掉；隨後右腳向前徑直踢出去，狠擊對手的前腿膝關節處（圖 173）；不待敵方抽身逃脫，我方早已在順勢向前方落穩右腳的同時，果斷向前方攻出了右手並用手掌牢牢卡緊敵方喉節（圖 174），給予敵方最具殺傷性的攻擊。

動作要求：

右手格擋要及時、要快，右腳前踢敵脛骨或膝關節要準確、有力、果斷，給對手致命性的打擊。最後的鎖喉動作要連貫敏捷，因為「手快打手慢」；而且左手也可以先控制敵手，然後再以右手去準確卡鎖敵喉，即雙手齊動去制敵於瞬間。

圖 171

圖 172

圖173

圖174

戰例示範(三)

拉手擊襠／單掌擊面／按頭膝頂

技術動作：

當對方猛發右重拳向我上盤攻來時（圖175），我可在其手臂快要觸及的瞬間，及時用右手由外向內側牢牢抓

圖175

圖 176

圖 177

圖 178

圖 179

握住其手腕，同時突然出右掌向前下方狠擊敵方的下腹或
襠部等致命要害處（圖 176），在敵方意料之外得手；接
下來不待敵方抽身逃脫，我早已猛揮右掌並重重擊中了敵
方臉部空檔處（圖 177）；然後順勢用右手向下勾纏住敵
方頭部以便為接下來的膝頂重擊作好準備（圖 178），我

的右膝之重力狠擊必須毫不猶豫地打出，目標是對手的面門或心窩及腹襠等致命薄弱環節處（圖179），制敵於瞬間。

動作要求：

右手抓握敵右腕要準確、及時，進左腳與左手擊敵襠部要協調、迅猛；右掌「封」面要果斷、強勁、兇狠。右手向下勾、拉敵方頭頸要快速、有力，膝蓋向上頂撞要連貫，要充分利用上下肢的合力去重創對手。

戰例示範（四）

格擋／正蹬腿／沖捶／膝頂

技術動作：

當對方猛發右沖拳向我上盤攻來時（圖180），我可迅速用左手由內向外進行準確的格擋（圖181）；隨後不待對方將手收回，我便在用左手順勢後牽敵右手臂的同時，果斷攻出右腳去狠踢其中盤致命空檔處（圖182）；接下來，在向前站穩右腳的同時，又將既快又狠的右手沖拳

圖180　　　　　　　　圖181

圖 182   圖 183

圖 184   圖 185

重重擊中了敵方心窩（圖183），給敵方造成毀滅性打擊。最後，我可再在用雙手向下拉按敵方頭頸的瞬間（圖184），迅速向上提膝迎撞向敵方心窩或腹襠部等足以致命的薄弱環節處（圖185），徹底制伏對方。

動作要求：

左手外擋敵臂要及時，右腳前踢敵心窩要果斷迅猛，

但須與左手後牽敵右臂的動作配合好；右拳重擊敵心窩同樣必須準確而快如閃電，並緊接在右腳狠踢之後進行，以免脫節；「拉頸膝頂」要兇猛、連貫，整套動作一氣呵成。

戰例示範（五）

格擋／橫捶／迎門鐵臂／劈捶

技術動作：當對方猛發右沖拳向我上盤攻來時（圖186），我可迅速用左手由內向外進行格擋（圖187），使敵方重擊落空；接下來不待敵方抽身後移，我早已在略上左步的同時，果斷攻出了右橫捶，並準確有力地擊中了敵方的心窩要害處（圖188），打得對方

圖186

圖187

圖188

圖189　　　　　　　　　圖190

將腰塌（彎）了下來；這時我應抓住瞬間的有利時機迅速提右膝去向前狠撞敵方的中盤致命空檔處（圖189），同時亦突發右上擊拳去重擊敵方的下巴這一足以今其昏倒的薄弱環節處，徹底摧毀其戰鬥力；若此時仍未能擊倒對手時，可果斷將已向上揚起的右拳狠狠地向下劈（砸）向敵方面門（圖190），予敵方以意想不到的致命創擊。

動作要求：

左手外擋敵拳要準確而及時；進左步與右沖拳重擊要協調、迅猛，要充分利用整體的向前的衝撞力去重創敵方心窩，力求此時便須解決掉對手；接下來的膝頂與右拳上擊更是要快速而兇狠，因為時機稍縱即逝，故應在盡可能短的時間內予敵以盡可能重的創擊，這才是心意門的技擊原旨所在。當然，隨後而發的右手下劈這一動作無論是作為連續打擊動作去擴大戰果，還是作為補充性打擊動作，都須充分借助身體向下的沉勁去狠狠劈擊敵面門，予敵以最後的決定性一擊。

心意六合拳答疑

　　《心意六合拳》一書自今年 5 月份出版以來，僅一個月間，筆者便收到數百封讀者來信，來向我們咨詢與探討有關心意六合拳中的一些訓練方面的問題，今借 7 月份的再版機會加以綜合性答覆，文中不妥之處，仍希望廣大同道及前輩們指教（文中示範者為本門弟子李海浩）。

1.「心意六合拳」是否用「寸勁」？

　　答：心意六合拳雖然擅長以整勁去突然、果斷地擊潰對手，但也很注重「寸勁」這種短距離爆發勁力的突然運用，以便擊敵以措手不及。

　　縱觀心意拳之高手的發力，看準機會一出手、一投足就可以整體之勢將敵方打得橫飛出去；而絕頂高手之發招，則不用做任何準備動作，他可由自然站立狀態下閃電般的出手，在對手未反應過來之前已將其打得昏了過去。絕頂高手之發招距離雖短，但殺傷力卻一點兒也不遜色，當然也因為他的發招距離較短，因此，在無形之中便節省了運行時間與運行距離，自然會令對手防不勝防。

　　「寸勁」與整體打擊勁力的區別，是它集中體現在動作

結束的瞬間（也有人稱之為「沾衣發力」），而且它可以借拳、掌、肘、足等多種武器發放出去，當然「寸勁」的發放基礎是整體勁力的完滿及有效發放，例如當你要打出一記「寸勁拳」時，就應首先發力於後面的蹬地之腿，也就是我們平時所說的「力起於腳」，由蹬腿挺膝與擰腰轉胯，再將起源於腳的力送達至肘，並再由肘部到達於拳，而瞬間作用於目標上。從這個層面上來講，「寸勁」既可以單獨運用，也可以和整體勁力配合運用。

「寸勁」同整體打擊勁力的發放一樣，都要求放鬆身體與肌肉，而不是把肌肉始終繃緊，這樣憋著勁去出拳，不但使肌肉容易疲勞，而且還會影響到速度的發揮，我們只有放鬆對抗肌，才能使動作快如閃電，只有速度快了打擊的穿透力才強，只有打擊的穿透力強，才能將「寸勁」發揮到極限狀態。這樣說來，放鬆與速度對提高「寸勁」質量將起著關鍵性或是決定性的作用。也可以說，「寸勁」是力量與速度的最完美的結合。

心意拳的技擊特點就是「起勢好似虎撲羊」，沖擊與攻擊的氣勢均極為迅猛，並利用「加速度」原理，來強化殺傷力度，也就是動作離目標越近則速度越快，殺傷力（破壞力）也越大。以一記凶狠的「刮地風」腿法為例，如果以普通的速度擊中敵方小腿時，可能只會打痛對手；但如果以「加速度」的要領去重擊目標時，則可能踢中對方小腿時會把其踢得凌空飛起來。

練習「寸勁」的方法，一是進行快速的擊打練習，並重點體會「加速度」原理的運用；二是慢慢做動作，或是由慢至快，逐步練出快而狠的「寸勁」來。在這裡，以練習拳法

的「寸勁」為例，有些前輩會先將一手握拳抵於牆上（圖191），然後由手腕對牆面施加推（壓）力而將略微彎曲的手臂推至臂直狀態（圖192、193），這是一種拳眼向上（立拳）的推起練習方法；你也可以將拳心向下抵住牆面並使手臂略微彎曲（圖194），然後再運用腕力將手臂推起至臂直狀態（圖195）。

圖191

在進行上述訓練的同時，還可以做整體動作的練習，例如你可以進行「橫捶」練習，並由輕步站開始做動作（圖196），迅速將前腳上步並踏

圖192

圖193

穩，同時後腿用力蹬地，以使身體產生一股猛烈的向前沖擊的慣性（圖197）；隨後再在此基礎上向前扭腰並前送右

圖 194

圖 195

圖 196

圖 197

圖 198　　　　　　　　　　　圖 199

肩，將右拳疾速打出（圖 198），而且右拳在此時要越打越快，充分利用「加速度」原理去狠擊目標。此時，口中也可配合雷聲以將打擊威力發揮至極限。

　　同樣的道理，你仍可在上述原理的指導下由擊打沙袋來磨練與提高爆發力（圖 199、200），而且擊打的方法有很多，例如掌、肘、肩、足都部位都可用來擊打。

2.「心意六合拳」中是否有「排打訓練」？如果有，如何練習？

　　答：心意六合拳雖然是一種內家拳術，但它也同樣很注重排打（抗擊打）訓練，因為有一句俗語叫「打鐵須先自身硬」，如果自身的抗擊打能力不好，又如何去同對方放手一搏呢？只有自身的抗擊打能力良好，才能充分發揮「拳如炮響龍折身，遇敵好似火燒身」之訣，而以摧枯拉朽之勢於瞬間擊潰對手。

圖 200　　　　　　　　　　圖 201

圖 202

　　換言之，出色的抗擊打能力是發起有效攻擊的最基本保障，因為對敵搏擊是「殺敵三千，自殺八百」，也就是說你在擊中對手的同時，對手也有可能會擊中你，這是不可避免的，這就對抗擊打能力提出了極高的要求，也是通向頂尖武術家的必經之路。

　　排打練習分為自身排打與互助排打兩種。

　　所謂「自身排打」，也就是練習者本人先以手掌或拳由輕至重、循序漸進地排打自己的身體。例如，先以手掌輕拍自己的前額（圖 201、202）；以手掌輕拍自己的頭部的一

側（圖 203、204）。或是以手掌由前向後輕拍自己的胸部等（圖 205、206）；以及用手掌由前向後輕拍自己的腹部等（圖 207），等你排打一段時間後腹部抗擊打能力較好時，可以用手刀（手心向上）由前向後輕輕的排打自己的腹

圖 203

圖 204

圖 205

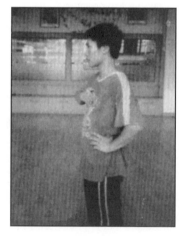

圖 206

部等（圖 208、209）。

　　再進一步，可以將手握拳用拳面去由前向後輕輕地排打
自己的腹部等（圖 210），當然無論以何種方式去擊打與排
打，你都要在手掌拍中身體的瞬間呼氣以增強身體的抗沖動

圖 207

圖 208

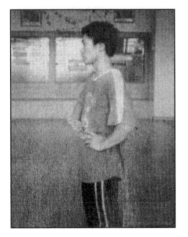

圖 209

圖 210

能力，而且身體在手掌擊中之前要放鬆，並在手掌擊中的瞬間才迅速收緊以增強抗沖動能力。

另外，你還可以用手掌輕拍自己的肋部來增強該部位的抗擊打能力（圖211、212、213）是本動作的側面示範。而且以上所講解的所有拍打與排打方法都可以左右手輪流進行，以全面發展自己的抗擊打能力。

增強肋部抗擊打能力的另一種方法是：先將兩臂抬起（兩手握拳），此時要放鬆身體（圖214），接下來將兩肘快速向內夾向兩肋（圖215），並在兩肘接觸身體的瞬間要呼氣並收緊身體進行配

圖211

圖212

圖213

合。在這裡，用力一定要循序漸進，以免因蠻力而戕害身體，這也是內家拳法訓練的一大忌諱。（圖216、217）為本動作的側面示範。

圖214

圖215

圖216

圖217

　　至於本門排打訓練的方法還有很多，例如，你可以赤腳以一隻腳的腳底由前向後來擊打另一腿的正面之脛骨或膝關節等等，或是向前踢擊樹木來鍛鍊腳底的硬度等。

　　所謂「互助排打」也就是由兩個人互相配合來完成的訓練方法，這種方法通常是抗擊打能力有了一定基礎後才採用。例如，練習者先以正身站好，陪練者則先以手掌去由輕至重地拍擊其胸、腹等部位，等這樣練習一段時間後有了一定的抗擊打能力後，可再讓陪練者握拳並由輕至重地拍擊其胸、腹等部位，以便進一步強化抗擊打能力。

　　抗擊打能力訓練的另一種輔助方法是：手握長條沙袋或木棒（手靶）由輕至重地去排打身體各部位，例如腹部（圖218、219）、肋部、腿部等等，但一定要記住，此時必須要控制好力度。

　　值得再提的是，心意拳雖為內家拳法，但也同樣很注重

圖218

圖219

排打的訓練，因為它本身就是一種赤裸裸的用來格鬥的拳法，所以它容不得半點花招，完全從實戰著眼去訓練。而且本門雖也有內功訓練來增強內臟的抗沖擊、抗震盪能力，但它畢竟具有一定的侷限性，正所謂「外練筋骨皮」，只有內、外結合才能最終練就金剛不壞之軀。

3.「心意六合拳」是否可以與現代體育訓練手段相結合？如果可以的話，應如何去具體操作？

答：心意六合拳無疑是一種優秀的內家古拳，但是它要想長久保持旺盛的生命力，就必須不斷地去吸收一些新鮮血液來逐步完善自己，這叫「與時俱進」。傳統文化中的精華，我們一定要保留與推廣，但卻不可固步自封，因為止步不前就已經是落後。我們之所以這樣說，是因為有多位讀者來信問，在進行心意拳訓練的同時是否可以同時進行肌肉與力量訓練，換言之是否可以同時利用槓鈴與啞鈴進行訓練，答案當然是可以的。

因為歷史上的很多心意拳大師都是同時兼練其它拳術的，例如河南的馬學禮原來是練習查拳的，並已具有相當高的造詣，後改學心意拳。也就是說，類似這些大師都或多或少地在自己的心意拳中加入一些其它門派的精華或有效訓練手段。

從另一個角度來講，進行槓鈴或啞鈴訓練不但不會影響心意拳的練習效果，並且還有一定程度的幫助，因為在槓鈴與啞鈴這些現代訓練器械出現之前，我國很多武術老前輩便已開始利用石鎖、石擔進行力量訓練，因為實際上石鎖、石擔就是槓鈴與啞鈴的前身，以前的武術是用來謀生與進行生

死搏鬥的方法，所以那些老練家們頗為注重力量的訓練，正所謂「一力降十會」，沒有足夠的力量，所有動作便是花拳繡腿。到了和平年代，武術已演變成一種健身的方法，因此，人們便不再在搏殺上花費那麼多精力，自然也就降低了訓練要求與簡化了訓練手段。

在這裡，之所以提倡進行槓鈴與啞鈴的訓練，並不是為了復古，而是確實有用，有人可能擔心一旦進行此種訓練，會把肌肉練僵，這就影響了速度的發揮，其實這種擔心是多餘的。只要你按動作要領去練習，以及在進行力量訓練後進行相應的放鬆練習，則不但不會影響你的速度，並且還能增加與強化你的速度與力量，甚至耐力。

當然這種力量訓練最好安排在心意拳技術訓練後進行，以免因力量用完後影響技術的發揮（注：也並不是一定要借助槓鈴等現代訓練器械進行訓練，如果你本身沒有條件進行此種訓練的話，也可在其它方面花多些精力去彌補，這都能有效地提高你的心意拳訓練效果的。當然本門拳術雖然注重內力與內勁的發揮與運用，但如果能內外合一豈不是更好？所以，對拳學的研究千萬不可鑽入牛角尖，要辯證性的發展與接受）。

具體運用槓鈴與啞鈴進行訓練時，你可以手持輕槓鈴並置於胸前（圖 220），然後在左腳向前進步的同時（圖221），呼氣發力將槓鈴向正前方衝出至臂直狀態（圖222），隨後再將槓鈴收回於胸前。以上為一個完整的動作，可反覆重複這一動作。並且注意上步要快，以使訓練與實戰能緊密的結合起來。

如果你僅有啞鈴時，也可以用啞鈴來進行沖拳（橫捶）

圖 220

圖 221

圖 222

圖 223

　　的訓練（圖 223、224），用來練習你的速度與爆發力。

　　　你也可以手持槓鈴或啞鈴進行向上推起與放下還原的反覆練習（圖 225、226），用以發展上肢的力量與耐力。

圖 224

圖 225

圖 226

圖 227

　　或是躺在長凳上進行「臥推」的練習（圖 227），不過此時最好要有人在旁邊進行保護或採用較輕的重量，以防止受傷，這種方法主要用來發展絕對力量。

　　你還可以將重量適宜的槓鈴放在肩上（圖 228），然後

圖 228

圖 229

圖 230

慢慢蹲下（圖 229），並再快速站起而還原準備姿勢（圖
230）。當然這一蹲再一起為一個完整的動作，你可反覆進
行該項訓練，用以全面發展你的腿部力量與提高重心的穩定
性。

4.「心意六合拳」中的內功如何練習？

答：心意六合拳是典型的內家拳法，自然很注重內功的訓練。因為武技之道，有形者為架勢，無形者為氣力。架勢者，全因運用氣力也：無氣力則架勢為無用，所以氣力為架勢之本。在拳術修習中，要想力足勁沉，必先求氣之充沛，故氣又為力之本。練氣的最佳方法無疑為丹田練氣，實際上也就是氣沉丹田，心意六合拳的內功也就是丹田功。

在內功練習過程中之所以要求要氣沉丹田，一是為了蓄力而使重心下移，進而達到下盤穩固的目的；二是為了使丹田抱氣，便於在出招發勁時能自然達到「氣自丹田吐」的境界，從而催發勁意，並爆發勁力，加強攻擊勁力的突然爆發；三是為了增大腹部的抗擊打能力，因為在實戰中腹部（身體）的閃動較慢，故而對抗擊打能力有較高的要求，而常練丹田內功則勢必會增強該部位的抗沖擊能力。

心意拳在練習內功之時，首先選一個清靜的地方，最好是空氣清新之所，並自然站立，然後左腳向左方移開一步，使兩腳間的距離約同肩寬，兩腳平行站立，膝部略微彎曲，頭正頸直，兩眼目視前方，含胸拔背，沉肩墜肘，手指撝開，使兩手如抱球狀按於小腹處（圖231），將意念集中於丹田處。

在內家功夫的練精化氣之初步功夫中，便要意守丹田，以便進一步做到氣沉丹田，進而使呼吸之氣在體內的運行距離增長，同時也使呼吸易淺為深，不致於在以後的格鬥因氣力不繼而氣喘噓噓。總之，丹田中的氣不能只發（放）不蓄，也不能只儲不放，如果只放不蓄必導致力竭而傷身。

圖 231　　　　　　　　　　圖 232

　　接下來，你可仍意守丹田，並仍將兩手輕按於小腹處，
然後以意領氣，以下丹田為圓心沿順時針方向進行揉轉，也
就是先向下、向左轉動，再向上、向右轉動，共計轉 36
圈，此為「轉丹田」；隨後再逆時針方向進行揉轉，仍然是
轉動 36 圈。此時全身應鬆靜自然，所有動作均不可刻意強
求。

　　還有些本門拳師是兩手掌重疊在丹田上進行「意守丹
田」練習（圖 232），不過此時如果是男性的話，則需把左
手放在裡面。進行「轉丹田」練習時，也可這樣雙手重疊進
行訓練（以利於做到「意守」）。當然還有些本門老前輩是
坐在凳上進行上述練習，或是躺在床上進行丹田功夫練習，
只要是放鬆進行練習，效果基本上都是一樣的。

　　等練習上述丹田功夫有了一定的根基後，可再進行「擊
丹田」練習，也就是以兩手掌進行輕拍丹田（小腹）的練

習，而且要邊拍邊呼氣，以增強腹部的抗擊打能力，及逐漸適應氣的突然發放。再進一步，可以在配合出拳或踢腿的同時，進行內氣的引導與配合，因為「真氣不到則真勁不達」，只有「意透、氣至、力達」才能形成真正具有摧毀性攻擊力量的招式。

5.「心意六合拳」中是否有高深莫測的點穴術？

答：心意六合拳確實是一種具有高度實戰價值的實戰拳學，但我們也不能過於誇大它的實戰作用，而應本著實事求是的科學的態度來宣傳、推廣這門古樸的秘傳格鬥功夫。平心而論，本門拳術並無專門的點穴術，但本門拳術中凌厲、凶狠的招法皆可用來攻擊對手的致命要害部位與穴道，因此在這裡我們不稱之為「點穴」而引申為「打穴」可能更為合適一些。

在技擊中，我們可充分運用自己的拳、腳、肘、掌、指等部位去打擊對手的以下穴道，從而取得更簡捷、更直接的效果：

(1) 太陽穴：

此穴位於頭部兩側，左為太陽穴，右為太陰穴，統稱之曰「太陽穴」。太陽穴神經密佈，為武術中頭等要害部位，擊中後可直接影響腦部，使人昏厥，重者可使人斃命。在實戰中，可避過對手的正面攻擊，而從側面巧妙地以拳重創敵方太陽穴，當然也可以用肘尖去橫掃攻擊之。

(2) 百匯穴：

此穴位於頭頂，為人體上部總穴，與腳下的「湧泉穴」共稱絕穴，所以，即便是輕微的打擊，便足可制敵。在

實戰中，你可先發虛招佯攻敵下盤，當敵方忙於防下肘，你可突然用拳或掌劈敵頭頂之百匯穴，保證可一招制敵。

(3) 牙腮穴：

此穴位於下腭骨骨縫處，為頭（面）部要穴，左右各一，此處神經密佈，打擊後可直接影響腦部，並使人眼前發黑，昏昏欲死，稍重可使敵下腭骨脫臼，甚至死亡。實戰中可以用沖拳與向上的勾拳以及用肘尖去重創該要害部位。

(4) 咽喉穴：

此穴位於頸前中央凹入處，為氣管之入口，此穴若被拿住可立刻使人氣絕，所以為人體要穴之一。本門中的「鷹捉把」便是專門用來攻擊敵方喉部要穴的狠招，此外你還可以用指戳、掌刀等攻擊武器去重擊該部位，以便取得快速制敵的效果。

(5) 玄機穴：

此穴位於胸骨頂 2 寸之下中央處，為胸部要穴，此穴一旦被擊，當可致敵大咳不止，影響到呼吸，並可使敵因氣閉而昏厥。實戰中可以用沖拳、膝蓋、腳跟等部位去重創該致命要害處。

(6) 心坎穴：

此穴位於胸腹之間，即人字骨處，為胸腹間大穴。若擊中此要穴，可立即使人昏厥，因為它剛好處於心、肝、胃之間。實戰中可以用沖拳、膝蓋、腳跟等部位去準確重創。

(7) 下陰穴：

此穴位於丹田之下，兩腿之間，恥骨骨縫處，本為暈穴，外有生殖器罩住，為死穴之一。當然，無論是生殖器還是下陰穴，一旦被擊中，則格鬥立刻結束。適用的攻擊方法

有腳踢與勾拳擊打等。

(8)章門穴：

此穴位於第11肋骨之端，與後背的「精促穴」前後相對，並且左右各一，為要穴之一，若被拳、指與腳等到部位擊中，可致人立即癱軟倒地，尤以右穴更為脆弱，因為該穴位為肝臟之尖，萬萬不可被敵擊中。

除了上述穴位之外，你還可適時擊打敵方腹前之氣海穴、胸側之期門穴、面前之人中穴、足下之湧泉穴、頸後之啞門穴，以及背部之精促穴、笑腰穴等等；另外，肩部之巨骨、臂儒等穴位亦可用來擊打與點拿，皆是立竿見影之要穴，習者一定要慎用之。

6. 何謂心意六合拳「五意」？

答：心意六合拳中「五意」又叫「五藝」是拳術高手在拳藝演練過程中體現出來的五種用意，具體來講，就是塌天意（藝）、起落意（藝）、劈砸意（藝）、進退意（藝）、躦翻意（藝）。

7. 心意六合拳與現代搏擊運動相比較，哪個更厲害一些？

答：任何一種拳術你練的好，自然就厲害，如果不下苦功去練習，就算是姬祖來教你也沒有用。況且，本門拳術與現代搏擊運動各有各的優點所在，例如，心意拳注重的是街頭搏殺，而現代搏擊運動則是一種擂台運動，他們所追求的目標不同，自然就無法將它們進行比較。當然，不可避免的是，有些擂台運動員看了雜誌上所講述的心意拳後有不認

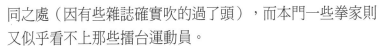

同之處（因有些雜誌確實吹的過了頭），而本門一些拳家則又似乎看不上那些擂台運動員。

　　在這裡如果我們假設這兩種風格的拳術一較高下的話，我個人認為如果在擂台上，則搏擊運動員們的勝算較大，因為他們每天最少訓練 8 至 10 個小時，他們有足夠耐力、體能及豐富的實踐經驗來搏鬥。而相比之下，則傳統的拳師們每天又訓練多久呢？由於大多是業餘訓練，故在強度上根本無法與職業運動員相比；同樣的道理，即使在街頭上，這些職業運動員的速度也是相當快的，我不是說我們打不過這些職業運動員，我們的技術也不差，只是我們沒有足夠的訓練強度罷了。

　　你即使可以一掌打碎幾塊磚，但你能打到人、特別是你能打到那些經過高強度訓練的專業運動員嗎？在這裡，我不是長他人志氣，而是闡明傳統武學與現代搏擊運動的差距。現代搏擊運動中的靈敏性、距離感、耐力、反應及對打訓練都很值得我們參考。

　　如果拿近百年前冷兵器時代的心意拳師來與今天的專業運動員相比，則可能真的是前者的勝算很大，因那個年代是以拳術作為生存之道，故老前輩們在這一方面都投入了很多心血，今天就不同了，因為很多拳術都轉變成了一種健身的方法，好在心意拳古風猶存，仍保存了相當銳利的格鬥方法與技巧，只要我們肯放下架子來借鑒一些新的訓練方法，並逐漸增大訓練強度，我想再次引領武林風騷並非空想。

導引養生功 系列叢書

張廣德養生著作

每冊定價 350 元

全系列為彩色圖解附教學光碟

彩色圖解太極武術

1 太極功夫扇
定價220元

2 武當太極劍49式
定價220元

3 楊式太極劍56式
定價220元

4 楊式太極刀
定價220元

5 二十四式太極拳＋VCD
定價350元

6 三十二式太極劍＋VCD
定價350元

7 四十二式太極劍＋VCD
定價350元

8 四十二式太極拳＋VCD
定價350元

9 楊式十八式太極劍
定價350元

10 楊氏二十八式太極拳＋VCD
定價350元

11 楊式太極拳四十式＋VCD
定價350元

12 陳式太極拳五十六式＋VCD
定價350元

13 吳式太極拳五十六式＋VCD
定價350元

14 精簡陳式太極拳八式十六式
定價220元

15 精簡吳式太極拳三十六式拳架・推手
定價220元

16 夕陽美功夫扇
定價220元

17 綜合四十八式太極拳＋VCD
定價350元

18 三十二式太極拳 四段
定價220元

19 楊式三十七式太極拳＋VCD
定價350元

20 楊氏五十一式太極劍＋VCD
定價350元

古今養生保健法 強身健體增加身體免疫力

養生保健 系列叢書

1 醫療養生氣功

定價250元

2 中國氣功圖譜

中國氣功圖譜
定價250元

3 少林醫療氣功精粹

少林醫療氣功精粹
定價250元

4 龍形實用氣功

龍形實用氣功
定價220元

5 魚戲增視強身氣功

魚戲增視強身氣功
定價220元

7 道家玄牝氣功

道家玄牝氣功
定價200元

8 仙家秘傳祛病功

仙家秘傳祛病功
定價160元

9 少林十大健身功

少林十大健身功
定價180元

10 中國自控氣功

中國自控氣功
定價250元

11 醫療防癌氣功

醫療防癌氣功
定價250元

12 醫療強身氣功

醫療強身氣功
定價250元

13 醫療點穴氣功

醫療點穴氣功
定價250元

14 中國八卦如意功

中國八卦如意功
定價180元

15 正宗馬禮堂養氣功

正宗馬禮堂養氣功
定價420元

16 秘傳道家筋經內丹功

秘傳道家筋經內丹功
定價300元

17 三元開慧功

三元開慧功
定價250元

18 防癌治癌新氣功

防癌治癌新氣功
定價180元

19 禪定與佛家氣功修煉

禪定與佛家氣功修煉
定價200元

20 顛倒之術

顛倒之術
定價360元

21 簡明氣功辭典

簡明氣功辭典
定價360元

22 八卦三合功

八卦三合功
定價230元

23 朱砂掌健身養生功

朱砂掌健身養生功
定價250元

24 抗老功

抗老功
定價230元

25 意氣按穴排濁自療法

意氣按穴排濁自療法
定價250元

27 健身祛病小功法

健身祛病小功法
定價200元

28 張氏太極混元功

張氏太極混元功
定價250元

29 中國璇密功

中國璇密功
定價250元

30 中國少林禪密功

中國少林禪密功
定價200元

31 郭林新氣功

郭林新氣功
定價400元

32 八卦之源與健身養生

太極
定價280元

33 現代原始氣功1

現代原始氣功
定價400元

太極跤

1 太極防身術
定價300元

2 擒拿術
定價280元

3 中國式摔角
定價350元

簡化太極拳

1 陳式太極拳十三式
定價200元

2 楊式太極拳十三式
定價200元

3 吳式太極拳十三式
定價200元

4 武式太極拳十三式
定價200元

5 孫式太極拳十三式
定價200元

6 趙堡太極拳十三式
定價200元

原地太極拳

1 原地綜合太極二十四式
定價220元

2 原地活步太極四十二式
定價200元

3 原地簡化太極拳二十四式
定價200元

4 原地太極拳十二式
定價200元

5 原地青少年太極拳二十二式
定價220元

6 原地兒童太極拳十捶十六式
定價180元

健康加油站

1 糖尿病預防與治療

定價200元

2 胃部機能與強健

定價180元

3 不孕症治療

定價200元

4 簡易醫學急救法

定價200元

5 肥胖健康診療

定價200元

6 肝功能健康診療

定價200元

7 高血壓健康診療

定價200元

8 高血糖值健康診療

定價200元

9 尿酸值健康診療

定價200元

10 膽固醇中性脂肪健康診療

定價200元

11 痛風劇痛消除法

定價180元

12 三溫暖健康法

定價180元

13 手・腳病理按摩

定價180元

14 B型肝炎預防與治療

定價180元

15 吃得更漂亮、健康

定價180元

16 茶使您更健康

定價180元

17 圖解常見疾病運動療法

定價180元

18 科學健身改變亞健康

定價180元

運動精進叢書

怎樣跑得快
定價200元

2 怎樣投得遠

定價180元

3 怎樣跳得遠

定價180元

4 怎樣跳的高

定價180元

5 高爾夫揮桿原理

定價220元

6 網球技巧圖解

定價220元

排球技巧圖解
定價230元

8 沙灘排球技巧圖解

定價230元

9 撞球技巧圖解

定價230元

10 籃球技巧圖解

定價220元

11 足球技巧圖解

定價230元

快樂健美站

1 柔力健身球

定價200元

2 自行車健康享瘦

定價200元

3 跑步鍛鍊走路減肥

定價200元

肌力訓練
定價200元

5 舒適超級伸展體操

定價200元

6 水中有氧運動

定價200元

7 雕塑完美身材

定價200元

8 創造超級兒童

定價200元

9 陳式太極拳十三式

定價200元

防止老化
定價200元

11 三個月塑身計畫

定價200元

12 懶人族瑜伽

定價200元

13 忙裡偷閒練瑜伽基礎篇

定價200元

14 忙裡偷閒練瑜伽祛病養生篇

15 健身跑

定價200元

中華微球健身操
定價200元

17 彼拉提斯健身寶典

定價200元

19 瑜伽美姿美容

定價180元

國家圖書館出版品預行編目資料

心意六合拳發力與技擊／王安寶　魏　峰　編著
　　　——初版，——臺北市，大展，2006〔民95〕
　　　面；21公分，——（實用武術技擊；15）
　　　ISBN　978-957-468-504-2　（平裝）
1.拳術—中國
528.97　　　　　　　　　　　　　　　95020880

【版權所有・翻印必究】

心意六合拳發力與技擊

ISBN-13：978-957-468-504-2
ISBN-10：　　957-468-504-7

編　　著／王安寶　　魏　　峰
責任編輯／葉　　萊
發 行 人／蔡森明
出 版 者／大展出版社有限公司
社　　址／台北市北投區（石牌）致遠一路2段12巷1號
電　　話／（02）28236031・28236033・28233123
傳　　眞／（02）28272069
郵政劃撥／01669551
網　　址／www.dah-jaan.com.tw
E – mail／service@dah-jaan.com.tw
登 記 證／局版臺業字第2171號
承 印 者／高星印刷品行
裝　　訂／建鑫印刷裝訂有限公司
排 版 者／弘益電腦排版有限公司
授 權 者／北京體育大學出版社
初版1刷／2007年（民96年）1月

●本書若有破損、缺頁敬請寄回本社更換●

推理文學經典巨著，中文版正式授權

名偵探明智小五郎與怪盜的挑戰與鬥智
名偵探柯南、金田一都讚嘆不已

日本推理小說鼻祖－江戶川亂步

1894年10月21日出生於日本三重縣名張〈現在的名張市〉。本名平井太郎。
就讀於早稻田大學時就曾經閱讀許多英、美的推理小說。
畢業之後曾經任職於貿易公司，也曾經擔任舊書商、新聞記者等各種工作。
1923年4月，在『新青年』中發表「二錢銅幣」。
筆名江戶川亂步是根據推理小說的始祖艾德嘉‧亞藍波而取的。
後來致力於創作許多推理小說。
1936年配合「少年俱樂部」的要求所寫的『怪盜二十面相』極受人歡迎，
陸續發表『少年偵探團』、『妖怪博士』共26集……等
適合少年、少女閱讀的作品。

1～3集 定價300元 試閱特價189元

一億人閱讀的暢銷書！

4 ～ 26 集　定價300元　特價230元

 4.大金塊

 5.青銅魔人

 6.地底魔術王

 7.透明怪人

 8.怪人四十面相

9.宇宙怪人

 恐怖的鐵塔王國

 11.灰色巨人

 12.海底魔術師

 13.黃金豹

 14.魔法博士

 15.馬戲怪人

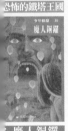 魔人銅鑼

 17.魔法人偶

 18.奇面城的秘密

 19.夜光人

 20.塔上的魔術師

 21.鐵人Q

 假面恐怖王

 23.電人M

 24.二十面相的詛咒

 25.飛天二十面相

 26.黃金怪獸

品冠文化出版社

地址：臺北市北投區
　　　致遠一路二段十二巷一號
電話：〈02〉28233123
郵政劃撥：19346241